Ein Hauch von Whisky überall

– The ultimate Islay Guide –

Steffen Meusel

Reiseführer • Tour Guide

Impressum

Copyright © 2009 by Steffen Meusel
Alle Rechte beim Autor und dem Verlag
Jede Verwertung außerhalb der engen Grenzen des Urheberrechts bedarf
der Zustimmung des Verlags und des Autors

Herstellung und Verlag: Books on Demand GmbH, Norderstedt

ISBN: 978-3-8370-5182-7

WARNUNG

Der regelmäßige Genuss der in diesem Buch vorgestellten Produkte kann zur Sucht und zur Schädigung der Körperorgane führen.
Übermäßige Sucht kann den Tod herbeiführen. Den schönsten Tod erfuhr laut Fachkreisen jener, der in ein Whiskyfass fiel und ertrank.

Der regelmäßige Gebrauch des Buches ist völlig GEFAHREN-FREI. Es kann jedoch vorkommen, dass sich das Verständnis für Islay, seine Bewohner und seine Getränke vergrößert. In extremen Fällen kann es dazuführen, dass das Verlangen nach der schottischen Insel so stark wächst, dass einzig ein Vorortbesuch helfen könnte. Dann hilft nur noch eins:
* Schnell ins Reisebüro oder ins Internet
* Flug und/oder andere Verbindungen reservieren
* Unterkünfte vergleichen und wählen
* Vorfreude genießen
* Und los!!!!
ABER: Vergessen Sie das BUCH NICHT!
Sie werden vieles wieder entdecken, einiges sicherlich anders erleben. Wenn Sie jedoch am Ende sagen: ‚Das hat sich gelohnt!' oder ‚Ich komme wieder!', dann sind Sie genau wie ich ein Freund von Islay!

Aufkeimende Sucht für Islay und seine Getränke, die auf den Gebrauch des Buches basiert, geschieht auf eigenes Risiko sowie eigene Rechnung.
FÜR DIESE KANN WEDER DER AUTOR NOCH DER VERLAG HAFTBAR GEMACHT WERDEN!

Der Autor

INHALT

Wie alles anfing – anstelle eines Vorworts

Der Wunsch, dieses Buch zu schreiben, hat im weitesten Sinne mit meinem Hobby zu tun: Whisky. Single Malt Scotch Whisky um genauer zu sein. Seit nunmehr 10 Jahren sammle ich Miniaturen des schottischen Goldes, wobei die ein oder andere größere Flasche auch dabei ist. Natürlich gönne ich mir gelegentlich ein Gläschen des Brandes, ohne dabei verschwenderisch vorzugehen. Doch irgendwie fehlte da immer noch etwas. So darf es auch nicht verwundern, dass mich bei der InterWhisky 2007 in Frankfurt das Gefühl überfiel, die Koffer zu packen und an den Ursprung, an die Quellen zu reisen.

Leichter gesagt als getan. Wer sich ein wenig mit der Materie von uisce beatha auskennt, weiß, dass Schottland eine Vielzahl seines Nationalgetränks zu bieten hat. Die größten Unterschiede kann man sicherlich der geographischen Verteilung zuordnen. Sicherlich haben Sie schon einmal von Lowland-, Island-, Highland- und Speyside-Whiskies gehört. Aber auch innerhalb dieser wohl sehr groben Einteilung gibt es Feinheiten, die den Genießern mehr oder weniger liegen. Also wohin?

Speyside! Wo sonst bekommt man so viele Whiskys auf einem Haufen? Doch die Reise soll sich nicht nur dem Alkohol widmen. Wo bleiben Relaxen, Baden und sonstige Bildung? Mag sein, dass der River Spey mit seinen Seitentälern eine Menge zu bieten hat, aber ich als Organisator muss auch die Bedürfnisse meiner Mitreisenden berücksichtigen:

> Der eine will baden, der andere prähistorische Stätten erkunden!

Die Highlands wiederum bieten viel Natur und sicherlich einiges für anderweitige Aktivitäten, doch die Dichte von Destillen ist im Gegensatz zur Speyside gering.

Bleiben noch die Lowlands, die Campbeltown Region und Islay. Im südlichen Raum Schottlands sind die eher leichtgewichtigen Malts zu finden. Das soll keinesfalls abwertend klingen, aber wir stehen vielmehr auf Whiskys mit Charakter. Also warum noch lange herumreden? Wir wollen zu den Inneren Hebriden, genauer gesagt: nach Islay! Basta! Und irgendetwas Besonderes müssen diese Whiskys ja sein, denn sonst hätte man sicherlich nicht noch zwischen Insel allgemein und Islay unterschieden. Wir stehen auf Besonderes.

Auf Islay gibt es 8 Destillen, eigentlich neun oder wenn man es ganz genau nimmt, sogar zehn, aber die neunte ist gerade im Entstehen und wird mal zu einer der Bestehenden dazugehören. Und die zehnte Distillery produziert heute nur noch Malz für andere auf der Insel. Kenner wissen sofort von welchen Destillen ich spreche, doch für die Neulinge unter Ihnen oder den einfachen Islay-Interessierten nenne ich alle noch einmal mit Namen (von Süd nach Nord und von West nach Ost): Port Ellen (geschlossen, Maltings und Lagerung), Laphroaig (sprich: *La-froyg*), Lagavulin (der Classicer), Ardbeg, Bowmore, Kilchoman (sprich: *Kilhomen*, seit 2005), Bruichladdich (sprich: *Bruchladdie* oder *Brukladdie*, liebevoll Laddie genannt) mit Port Charlotte (Eröffnung 2009 geplant), Caol Ila (sprich: *Col Iela*, der neue Classicer) und Bunnahabhain (sprich: *Bunnahavin*). Dann wäre noch Jura zu nennen. Eigentlich ist das schon wieder eine weitere Insel mit einem eigenen Malt, der damit nicht zu den Islay Whiskys zählt, doch ihre unmittelbare Nachbarschaft drängt einem einen Besuch auf. Und außerdem kann man abgesehen von privaten Schwimmmitteln die Insel nur über Islay erreichen.

Das Ziel war gesteckt, fehlt einzig noch die Umsetzung. Und die beginnt mit der Suche nach Übernachtungsmöglichkeiten. Welch ein glücklicher Zufall, dass ausgerechnet auf der Whiskymesse ein Diavortrag von einem Islay Vielreisenden gezeigt wurde. Klar, der Bilderbeitrag war sehr interessant und ließ hier und da Urlaubsgefühle aufkeimen. Aber nützliche Hinweise für unsere Planung aus erster, erfahrener Hand? Wo sonst bekommt man diesen Luxus geboten?

Islay hat ein Hostel, einige Hotels in den "größeren" Orten und eine Vielzahl von privaten Cottages. Von der Jugendherberge hat unsere Quelle abgeraten. Sicherlich, diese ist im Vergleich zu den anderen Möglichkeiten preiswert, aber für die Dauer von 14 Tagen schwebte uns etwas Angenehmeres vor. Außerdem ist die Lage für unser Vorhaben nicht so günstig. Gerade einmal eine Distillery liegt im näheren Umfeld, zu den anderen sind wir auf Verkehrsmittel angewiesen. Andererseits ist das Hostel gute 16 Meilen vom nächsten Fährhafen (Port Askaig) entfernt, nach Port Ellen sind es sogar knapp 19 Meilen. Natürlich, das sind keine all zu großen Entfernungen, doch man muss auch die Straßenverhältnisse vor Ort und eine größere vorherige Anreise berücksichtigen. Da möchte man am liebsten von der Fähre plumpsen und alle viere von sich strecken, anstatt noch eine Inselrundfahrt in Angriff zu nehmen.

Hotels haben im Allgemeinen die Angewohnheit teuer zu sein, im Speziellen sind sie es auch für unser Budget. Hauptsächlich wollten wir in Whisky und Urlaubsaktivitäten investieren, aber nicht in verzichtbaren Hotelkomfort.

Blieben noch Ferienhäuser bzw. –wohnungen, bei den Briten liebevoll Cottages genannt. Hier hat man alles, was man für den Urlaub braucht: einen privaten Schlafraum, einen Wohnbereich, eine Küche und ein Bad – die Anzahl der Räume kann von Cottage zu Cottage variieren. Kostenpunkt: irgendwo zwischen Hostel und Hotel. Doch Vorsicht, keine schnellen Schlüsse ziehen! Für Verpflegung und das ganze Drumherum ist selbst zu sorgen. Auch rechnen einzelne Anbieter anfallende Stromkosten extra ab.

Als letzte Alternative ist noch die Möglichkeit zum Campen zu nennen. Generell ist Campen mit oder ohne Wohnwagen möglich. Einige Eigentümer bieten ganz offiziell an, auf ihren weiten Grundstücken zu zelten, z.B. bei der Kintra Farm. Andere sollte man zumindest vorher fragen. Doch ich bin leider nicht der Typ, der auf der Erde pennt. In einem Wohnmobil könnte ich mir das schon eher vorstellen, aber leider besitze ich keins und eines zu mieten, ist schon von der Kautionshöhe unrentable.

Unsere Wahl fiel auf ein Cottage. Mit 330 britischen Pfund (GBP) in der Woche haben wir auch ein Ferienhaus gefunden, dass sich inklusive der Stromkosten recht günstig für den einzelnen auslegt: 110 GBP je Woche und Person, das sind

15,71 GBP je Tag statt 13,50 GBP je Tag im Hostel. Außerdem 14 Tage in einem Cottage kosten eine Summe x, doch den Tag mit einem Glas Whisky vor dem eigenen Kamin ausklingen lassen – unbezahlbar!

Nach der reifen Überlegung für und wider eine Übernachtungsmöglichkeit, legten wir einen Zeitraum fest. Wir entschlossen uns für den Mai. Erstens zählt dieser zur Nebensaison, was uns noch einige Vergünstigungen einbringen konnte. Zweitens hofften wir auf einigermaßen annehmbares Wetter. Schottland ohne kühle, regnerische Tage kann sich der Normalbürger kaum vorstellen, daher wird selbst in Filmen wie Braveheart bei fast lotrechten Regen vom besten schottischen Wetter gesprochen. Und nicht zu vergessen, drittens, Ile Feis! Das Islay Whisky Festival! Dieses findet alljährlich Ende Mai statt. Unser Cottage-Eigentümer erzählte uns, dass während des Festes Islay um 2 Etagen absinkt, danach wieder auftaucht. Die Preise sind dann deutlich dem regen Touristenstrom angepasst, sowohl bei Unterkünften, falls man noch eine bekommt, als auch bei Dingen des täglichen Bedarfs. Erholung? Eher fraglich! Nein, für uns stand fest: Anfang, Mitte Mai – so in dem Dreh. Vielleicht die eine oder andere Sonderabfüllung für das bevorstehende Fest abgreifen, bevorzugt kleinere Gruppen bei Distillery Führungen und sonst relaxen.

Zum Schluss mussten wir nur noch geeignete Flugdaten und –routen erkunden. Da wir bisher mit RyanAir keine schlechten Erfahrungen hatten, entschieden wir uns letztendlich wieder für die irische Billig-Airline: von Düsseldorf Weeze nach Glasgow Prestwick hin und zurück für 75 EUR pro Person inkl. Steuern sowie ein Reisegepäck. Dass Weeze unmittelbar an der niederländischen Grenze liegt und mit Düsseldorf genauso viel – oder wenig – zu tun hat wie Prestwick mit Glasgow, wussten wir zum Zeitpunkt unserer Buchung nicht. Auch dass RyanAir äußerst penible mit Grenzgewichten umgeht, kam uns in dieser Form noch nicht vor. Ohne unserem Urlaub vorweg zu greifen, möchte ich jetzt schildern, was uns auf der Rückreise widerfahren ist. Doch zuvor möchte ich Sie noch etwas mit den RyanAir Bestimmungen für zu befördernes Gewicht vertraut machen:

Die Fluggesellschaft gestattet es, jedem Reisenden insgesamt 25 kg frei mitzuführen. Davon sind 10 kg für das Handgepäck vorbehalten, das wiederum internationalen Maßen entsprechen muss. Die restlichen 15 kg stellen das so genannte Reisegepäck dar und verteilen sich auf 1-3 Reisegepäckstücke. Jedes dieser aufzugebenden Habseligkeiten ist bereits bei Buchung anzugeben und wird berechnet, doch 15 kg sollten nicht überschritten werden. Falls man jedoch mehr Gepäckstücke aufgeben möchte als bei der Flugbuchung angegeben wurde, muss man eine horrende Nachzahlungsgebühr leisten. Eine Gutschrift von weniger eingechecktem Gepäck erhält man jedoch nicht. Das ist dann Pech oder Dummheit bei der Buchung. Im Weiteren müssen die Koffer eindeutig einer Person zugeordnet sein, das heißt, Gemeinsamreisende haben entweder getrennte Reisetaschen zu nutzen oder halten sich an die 15 kg Grenze bei dem Einzelstück. Der Begriff Gemeinsamreisende ist jedoch idiotisch, da nicht existent für die Airline. Das bedeutet, wenn die Personen A und B gemeinsam reisen, A hat 18,4 kg und B 11,5 kg jeweils an Gepäck, dann haben sie zusammen knapp 30 kg, also bewegen sich folglich beide gemeinsam innerhalb der Freigewichtsgrenze (2 x 15 kg = 30 kg). Nicht so bei RyanAir! B hat Pech, wenn das Freigewicht nicht ausgenutzt wird. Dass nicht jede Tasche, Koffer etc. größere Mengen zulässt, ist nicht Sache der Fluggesellschaft. A hingegen muss für sein Übergepäck zahlen, und zwar kräftig: 12 GBP pro angerissenes Kilo. Das ist graue Theorie, jetzt kommt die Praxis:
In den frühen Morgenstunden des Abreisetages schleiften wir unser Gepäck Richtung Check-In. Wir wussten, dass wir etwas mehr Gewicht in unseren Taschen hatten als auf der Hinreise, da waren es um die 14,5 kg, aber wir hatten auch in Deutschland erlebt, dass man selbst mit 16,5 – 17 kg ohne großes Auflebens mitgenommen wurde. In diesem Rahmen schätzten wir unser jetziges Gewicht. Wir hatten uns verschätzt: Go hatte 19,5 kg, ich sogar 19,8 kg. Im internationalen Standard blieben wir innerhalb der Freigrenze von 20 kg, doch für RyanAir hatten wir zu viel. Und nicht gerade wenig. Wir sahen es an den praktisch aufleuchtenden Pfundzeichen in

den Augen der Check-In-Dame. 15,9 kg wurden uns zugestanden, doch kein Gramm mehr. Das hieß, Go und ich sollten jeweils 48 GBP nachzahlen. Anders ausgedrückt, fast genauso viel wie uns der Hin- und Rückflug zusammen gekostet hatte. Nun ging es los. Vor den Augen aller – im Moment noch Schadenfreude lächelnder – Passagiere, packten wir unser Gepäck um, stopften in das Handgepäck was hineinpasste, teilweise ohne Rücksicht auf Verluste. Auch das, was eigentlich keinen Platz mehr im Handgepäck finden konnte, wurde hineingequetscht oder notfalls angezogen, nur um das Reisegepäckgewicht zu senken. In jedem Moment mussten beim Handgepäck von Go alle Nähte platzen, und er betete zu Gott oder wem auch immer. Es hielt stand! Go hatte die geforderten 15,9 kg erreicht. Punktlandung. Und wie schade, kein Extrageld für RyanAir. Oorrh. Bei mir ging es nicht so glimpflich aus. Zwar konnte auch ich mein Reisegepäckgewicht erheblich mindern, doch letztlich standen noch immer 16,4 kg zu Buche. Zur Erinnerung: auf der Hinreise in Weeze kein Problem. In Glasgow schon: 12 GBP für RyanAir – zu entrichten an einem Extrastand mit Quittung und Rückschein. An besagtem Schalter standen ca. 20 Menschen vor mir, von denen mindestens 2 Drittel einen Nachzahlungsbeleg in der Hand hielten. Bei denen, die direkt vor mir standen, sah ich auch, wofür sie die Nachzahlung zu leisten hatten: Übergewicht! Mit der Quittung in zweifacher Ausführung in der Hand ging ich zurück zum Check-In Stand. Dort war gerade ein Familienvater damit beschäftigt, sein Übergepäck auf die Gepäckstücke seiner Kinder und aufs Handgepäck zu verteilen. Scheinbar erfolglos, denn er verzweifelte gar sehr. Und am Rande standen lächelnd jene, die das Glück hatten, nicht mehr als 15,9 kg aufgegeben zu haben.
Fazit: Nie mehr RyanAir! Na ja, zumindest fast nie mehr. Als Kurztrip ohne großes Gepäck, am besten nur mit Handgepäck sind die Iren nahezu unschlagbar, wenn man von den teils großen An- und Abreisen absieht. Aber als alternative Fluggesellschaft für einen längerfristigen Urlaubsaufenthalt? Nein, danke! Da lernt man zu schätzen, was 20 kg Freigepäck ohne stressiges Umpacken und Häme grinsender Passagiere be-

deuten. Welchen Vorteil ein Flughafen direkt am Traffic Main Stream zu bieten hat, anstatt in der Pampa dahin zu schlummern. Was Zeit für ein kostbares Gut ist, wenn man sie als Urlaubsvorfreude nutzen kann, anstelle im Anreisestress sie zu verbringen. Wenn man alle Unannehmlichkeiten hier aufzählt und bewertet, hätten wir auch eine andere Fluggesellschaft nutzen können. Aber wie schon erwähnt, bis zum Tag unserer Buchung hatten wir keine schlechten Erfahrungen mit der Billig-Airline. Bedenken Sie daher, falls Sie planen, ein gutes Tröpflein oder anderes schweres Souvenir von der Insel mit nach Hause zu nehmen, mit wem Sie fliegen.

Doch bevor wir an dieser Stelle das Buch zuschlagen, sollte ich Ihnen noch etwas über Islay und seine Whiskys erzählen. Lehnen Sie sich zurück, eventuell mit einem Dram uisce beatha, vielleicht sogar von der Insel selbst, und lassen Sie das Buch auf sich wirken.

Sláinte!

Ein kleiner Vorgeschmack: Edinburgh

Eigentlich sucht man Edinburgh auf Islay vergeblich, denn im Gegensatz zu der westlichen Insel muss man nach der schottischen Hauptstadt im Osten des Landes Ausschau halten. Also warum ausgerechnet Edinburgh?

Gerade im Hinblick auf die Geschichte Schottlands und die Verbundenheit mit Whisky lohnt sich ein Abstecher in den Osten des Landes allemal. Zumal man auf dem Weg zu den Inneren Hebriden in die Nähe der beiden Großstädte Glasgow und Edinburgh gelangt – egal über den Luft- oder Land-Wasser-Weg. Auf Islay gibt es auch einen kleinen Flughafen, der vom Glasgow Airport angeflogen wird. Wer also auf die langwierige Anreise mit dem Auto und durch schöne Highlandtäler verzichten möchte, kann die Reisezeit so erheblich verkürzen.

Doch wenn man schon einmal in Glasgow ist, sollte man es nicht versäumen, die 40 Minuten im Scot Rail Express (Edinburgh-Glasgow-Shuttle) nach Edinburgh einzukalkulieren. Es lohnt sich.

Während Glasgow eher etwas schmuddlig und industrielastig wirkt, kann die schottische Hauptstadt mit großflächigen Grünanlagen aufwarten. Auch im Punkto Whisky kommt man hier auf seine Kosten. Man muss nur einfach der Straße zum Edinburgh Castle folgen. Nein, wir verzichten jetzt auf schottische Geschichte. Denn ca. 300 Meter vor der historischen Pforte endet der Aufstieg für den Whisky-Interessierten. Linkerhand befindet sich die Scotch Whisky Experience – ein museales Muss für Enthusiasten.

Gegen einen Obolus von nicht einmal 10 GBP findet man sich, ausgestattet mit einem The Glencairn Glass und einem großzügigen Dram, in der Whiskygeschichte wieder. Für nicht englischsprachige Nationalitäten werden Headsets mit Übersetzungen bereitgehalten. Diese Technik ist relativ sensibel und basiert auf Infrarot, daher sollte man nicht zu sehr an den Geräten herumfingern, sonst riskiert man einen fragmentalen Beitrag. Während der Erklärung, wie und in welchen Schritten man das Lebenswasser herstellt, werden Geruchsproben verschiedener Inhaltsstoffe herumgereicht. In einem weiteren Raum macht ein Hologramm, das irgendwas von einem zerstreuten Professor und Einstein hat, mit der Art des Blendens vertraut. Am Ende des Rundgangs steigt man in ein Whiskyfass, um durch die verschiedenen Epochen des Brennens von Whisky, der Besteuerung, der Schmuggelei und der Legalisierung zu rollen, äh fahren. Diese Gefährte können bis zu vier Personen aufnehmen. Am vorderen Ende ist ein Lautsprecher angebracht, aus dem sprachlich verständliche Erläuterungen klingen. Da man nach soviel trockenen, wenn auch erlebnisreichen Erkenntnissen selbst auszutrocknen droht – der Dram vom Anfang der Tour ist kurioserweise verdunstet – verlässt man das Museum durch die hauseigene Whisky-Bar. Dort kann sich dann ein jeder von seiner Lieblingssorte eingießen lassen oder ein Tasting verschiedener Whiskys durchführen. Zur Auswahl stehen schätzungsweise 300 Whisky-Sorten. Doch bedenken Sie bei diesem Genuss, dass hier eingeflößte Getränke nicht im Museumseintritt beinhaltet sind. Wer auf das theoretische Drumherum verzichten möchte, kann übrigens gleich in die Bar abbiegen. Und für diejenigen, die selbst nach überschwänglicher Inanspruchnahme der Barangebote ihren Favoriten noch nicht feststellen konnten, bietet der Shop im Eingangsbereich Flaschen von Miniatur- bis Normalgröße an. Derjenige, der sich gleich zu einer 70 cl Flasche durchringt, darf sich sogar einen Teil des Museumeintritts als Gutschein anrechnen lassen.

Frisch gestärkt mit vielen neuen Einblicken in die Whisky-Kunst darf sich der länger in Edinburgh verweilende Besucher gleich an einer richtigen Distillery versuchen. Nicht weit von der Großstadt entfernt, befindet sich die Glenkinchie Distillery. Sie vertritt in der Reihe der Classic Malts die Lowlands. Wem dieser Abstecher zu mühselig ist oder einfach nicht in den zeitlichen Rahmen passt, kann anderweitig sein Wissen preisgeben. Ebenfalls in Edinburgh angesiedelt ist die Scotch Malt Whisky Society. Wer sich erhaben genug für den Kreis der Experten fühlt, kann sich sofort die Mitgliedschaft für ein stattliches Beitragsgeld sichern. Regionale Ableger dieser Gesellschaft gibt es auch für Deutschland, was sich zwar am

Mitgliederkreis jedoch nicht an der Exklusivität auswirkt. Die Angehörigen der Society bekommen für ihr Geld besondere Abfüllungen von Whiskys, die nicht namentlich erwähnt werden, sondern sich einzig anhand einer Nummer identifizieren. Solche Flaschen sind im freien Handel kaum an den Mann zu bringen, da nur die Mitglieder wissen, welche der begehrten Flüssigkeiten sich im Glasgewand befindet, die breite Öffentlichkeit aber an Namen interessiert ist. Wir entschieden uns für eine dritte Variante, das erworbene Wissen zu verdauen:

Sacken lassen und sich auf Islay freuen.

Stattdessen besuchten wir den Edinburgh Zoo, der mit einer Pinguin Parade aufwartet. Jeden Tag marschieren so gegen 14 Uhr die Frackträger im mehr oder weniger starken Gleichschritt eine ca. 50 Meter lange Strecke entlang. Die kleinere Art ist in ihrem Tatendrang gar nicht zu bremsen, während es die Kaiserpinguine gemächlich angehen lassen. Besonders vorsichtig sollte man mit nackten, vorstehenden Zehen sein. Diese können schnell von neugierigen Schnäbeln erpickt werden.

Aber Edinburgh empfiehlt sich auch für Fans der schottischen Geschichte. Dafür steht nicht nur das Edinburgh Castle, das inmitten der Stadt thront. Vor allem für begeisterte Anhänger von Braveheart und King Robert The Bruce finden sich in der näheren Umgebung Plätze, die einen Besuch lohnen: die alte Hauptstadt Dunfermline (sprich: Danfermlinn) sowie Stirling, Falkirk und Bannockburn als Orte ehemaliger Schlachten.

Doch jetzt verlassen wir wirklich das schottische Festland und begeben uns zum eigentlichen Reiseziel: Islay.

Einige Ziele in und um Edinburgh*:

1. The Scotch Whisky Experience

354 Castlehill,   Telefon: +44 (0)131 220 0441,
The Royal Mile,   Fax: +44(0)131 220 6288
Edinburgh EH1 2NE   www.scotch-whisky-experience.co.uk
                               info@scotch-whisky-experience.co.uk

* Mo – So: 10 – 17:30 Uhr, im Sommer längere Öffnungszeiten,
* 25. Dezember geschlossen
* Eine Tour dauert ca. 1 Stunde
* Eintritt: Erwachsene: 9,50 £; Kinder: 13-17J. 4,95 £; bis 12J. frei;
  Senioren/Behinderte/Studenten (18+) 7,25 £; Familie (2 Erw. &
  max. 4 Kinder) 22 £; Gruppenpreise (bis zu 20% Rabatt je Pers.)
* Lage: am Ende der Royal Mile neben dem Edinburgh Castle;
  Parkplatz in Castle Terrace ca. 7 Gehminuten entfernt, der
  Waverley-Bahnhof 10 u. der St Andrews Busbahnhof 15 Min.

2. The Glenkinchie Distillery

Die Heimat des "Edinburgh Malt" befindet sich in den Weiten des
Farmlands von East Lothian und vor den Toren der Hauptstadt (ca.
15 km südöstlich). Er gehört zu den Classic Malts.

Pencaitland, Tranent,   Tel: +44 (0) 1875 342004,
East Lothian   Fax: +44 (0) 1875 342007
EH34 5ET.   Mary.F.Darling@Diageo.com
                               Isobel.Gardiner@Diageo.com
                               Andrew.Kirk@Diageo.com

Öffnungszeiten:
Jan – Ostern: Mo-Fr: 12 – 16 Uhr
Ostern – Okt: Mo-Sa: 10 – 17 Uhr
                               So: 12 – 17 Uhr
November: Mo-So: 12 – 16 Uhr
Dezember: Mo-Fr: 12 – 16 Uhr

(Die letzte Tour findet jeweils eine Stunde vor Schließung statt)
Vom 19.12.2008 – 05.01.2009 hat die Distillery geschlossen

* Highlight: Brennerei-Modell von 1924, ca. 20 m lang und über 2 m
  hoch

3. The Scotch Malt Whisky Society Limited

Registered Office
The Vaults   *Tel: +44 (0)131 554 3451,*
87 Giles Street   *Fax: +44 (0)131 553 1003*
Edinburgh   *www.smws.co.uk*
EH6 6BZ   *vaults@smws.com*
SMWS
28 Queen Street   *Tel: 0131 220 2044*
Edinburgh   *Fax: 0131 225 3572*
EH2 1JX   *queenstreet@smws.com*
Mitgliedschaft
Einzel: 100 £; Paar bzw. 2 Personen = 1 Adresse: 125 £
(beide Varianten benötigen festen Wohnsitz in UK)
Übersee: 85 £
Bar opening
Mo: 10 – 17 Uhr, Di-Sa: 10 – 23Uhr, So: 11 – 22 Uhr
täglich: inoffizielles Mittag 12 – 14:30 Uhr;
Abendmenü 18 – 21 Uhr
Leichte Speisen den ganzen Tag möglich
Members' Rooms
Mo-Sa: 09:30 – 23 Uhr
Restaurant (lunch)
Mo-Sa: 12 – 14:30 Uhr
Restaurant(evenings)
Mi-Sa: 19 – 21:30 Uhr
SMWS Deutschland
In Deutschland haben sich verschiedene Zweige der SMWS ge-
bildet. Bei Interesse kann man sich per Internet über die Inhalte
der Vertretungen informieren. Um einen Ableger in Ihrer Region zu
finden, empfehle ich Ihnen, über Google folgende Stichwörter
einzugeben:
  * *"Scotch Malt Whisky Society"*
  * *Deutschland*

4. Edinburgh Zoo

Corstophine Road   Tel: +44 (0)131 334 9171,
Edinburgh, EH12 6TS   Fax: +44 (0)131 314 0384
www.edinburghzoo.org.uk
info@rzss.org.uk

Öffnungzeiten:
Apr.-Sept.: tägl. 09-18 Uhr
Okt. + März: tägl. 09-17 Uhr
Nov.-Febr.:tägl. 09-16 Uhr
Anfahrt:
Auto: A8 Richtung Glasgow, direkt neben Holiday Inn Edinburgh
(132 Corstophine Rd)
Bus: lokal: 12, 26, 31, X48, 100; Überland: 900, 904, 909
Eintritt:
Erwachsene 11,50 £; Kinder bis 3 Jahre frei; 3-14 Jahre 8 £,
Familie (2E + 2K) 35 £, (2E+3K) 40 £
(10% des Eintritts = Spende für Budongo Schimpansen Projekt)
Parken: 3,50 £

5. Edinburgh Castle

Edinburgh Castle Tourist Information
Castle Hill   Tel: +44 (0)131 225 9846
Edinburgh   _www.edinburghcastle.biz_
EH1 2NG. Scotland
Öffnungszeiten:
Apr.-Okt.: täglich 09:30 – 18 Uhr
Nov.-März: täglich 09:30 – 17 Uhr
(letzter Eintritt jeweils 45 Minuten vor Schließung)
25./26. Dez. geschlossen
Eintritt: Erwachsene: 12 £; Kinder: 6 £

6. Dunfermline

Die alte schottische Hauptstadt liegt etwas nördlich von Edinburgh auf der Halbinsel Fife. Am besten erreicht man die Kleinstadt von Edinburgh über die A90 und der Forth Road Bridge (mautpflichtig). Empfehlen kann ich Anreise mit der Bahn (Fife Circle). Da bekommt man gleich noch die Gelegenheit über die berühmte Firt of Forth Rail Bridge zu fahren.

In Dunfermline kann man die Abbey besichtigen, in der King Robert The Bruce begraben ist. Weitere schottische Könige fanden ihre letzte Ruhe in der angrenzenden Palastruine. In einem großflächig angelegten Park (Pittencrieff) kann man verweilen und die Stelle, an der William Wallace nach seiner Rückkehr in Schottland Zuflucht vor englischen Spionen fand, erkunden.

7. Stirling

In Stirling fand im Jahr 1297 die erste "große" Schlacht zwischen den schottischen Rebellen und der englischen Armee statt. William Wallace fügte den Engländern eine empfindliche Niederlage bei, die es ihm gestattete Schottland als frei zu betrachten.

Stirling ist heute eine Stadt, die sich etwas nördlich zwischen Edinburgh und Glasgow befindet. Mit dem Auto folgt man vom Edinburgh Zentrum aus der A8 und der M9. Nach ungefähr 55-60 km erreichen Sie Stirling. Starten Sie hingegen von Glasgow, sollten Sie der A80 bzw. M80 folgen bis Sie auf die M9 treffen. Knapp 45 km sind bei dieser Strecke zu bewältigen.

Reisen Sie lieber mit der Bahn, nutzen Sie am besten die Central Scotland Linie oder die Highland Line von Edinburgh bzw. Glasgow Queen Street. Ab Glasgow können Sie auch mit der Express Route West Richtung Aberdeen nach Stirling fahren.

8. Falkirk

Das Jahr 1298 war schicksalsträchtig für die schottische Rebellion. William Wallace verlor mit seinen Mannen die Schlacht bei Falkirk gegen die englischen Truppen. Ob wirklich Verrat im Spiel war, wie im Film erzählt wird, kann heute nicht mehr eindeutig belegt werden. Doch erkunden Sie selbst, was vor mehr als 700 Jahren geschah.

Falkirk liegt etwas südlicher als Stirling. Daher empfiehlt es sich, die A8 und M9 von Edinburgh zu nutzen. Aus Glasgow folgen Sie der A80 bzw. M80 und ab Banknock der A803.

Als Bahnreisender können Sie die Central Scotland Linie, die Highland Line oder den Edinburgh-Glasgow-Shuttle von Edinburg oder Glasgow Queen Street nutzen.

9. Bannockburn

Die bedeutendste Schlacht im schottischen Unabhängigkeitskrieg fand unter der Führung von King Robert The Bruce im Jahr 1314 statt. Im Gegensatz zu der im Film Braveheart erzählten Geschichte

lagen zwischen den Tod William Wallace und der Entscheidungs-
schlacht einige Jahre, die durch mehrere, kleinere Aufstände geprägt
wurden. Auf dem Schlachtfeld bei Bannockburn erzwang letztlich
The Bruce die Freiheit des schottischen Volkes für die nächsten
Jahrhunderte.
Um mit dem Auto nach Bannockburn zu gelangen, nutzen Sie die-
selben Routen wie bei der Tour nach Stirling, da es sich nur wenige
Kilometer südlicher befindet.
Zugreisende muss ich an dieser Stelle enttäuschen, da Bannockburn
keinen eigenen Bahnhof hat. Wer sich dadurch jedoch nicht abschre-
cken lässt, fährt am besten nach Stirling und nutzt von dort einen der
lokalen Busse.

---

* Zeit und Wertangaben: Stand Juni 2008;
  Anfahrtsrouten basieren auf Internetadressen, der ScotRail-
  Website und der Ordnance Survey Road Map 3 (Stand: 2007)

Port Ellen / Port Eilein

Ganz langsam biegt das Schiff in eine große Bucht. Die ersten Gebäude, die in das Blickfeld geraten, sind groß und leicht grau. Eine kleine Rauchfahne verfängt sich im Windspiel und treibt ostwärts. Geradezu grotesk zu den modernen Bauten wirken zwei Pagodenschornsteine, die links des Komplexes ihre Hälse in den Himmel recken. Im Vordergrund schmiegen sich die alten Lagerhäuser der Distillery an das Meer. Mit großen, schwarzen Buchstaben ist der Name an die weiße Mauer gepinselt: PORT ELLEN.

Doch die Brennerei ist geschlossen, produziert nicht mehr. Ist sie daher nutzlos? Nur noch ein Schmuckstück an der Küste von Islay? Nein, denn statt des flüssigen Goldes kümmert man sich hier um einen der Grundbausteine – Gerste. Genauer gesagt, darum, was daraus einmal wird: Malz. Feuchte Gerste wird in so genannten Malting Floors zum Keimen gebracht und anschließend mit Torfrauch getrocknet. Daher auch der graue Schleier, den man vom Schiff aus sieht. Nähert man sich den Gebäuden, kann man sogar etwas riechen: Ein Hauch von Whisky, nur weiß man es noch nicht.

Noch eine 90-Grad-Drehung und die Fähre steuert auf eine kleinere Bucht zu. An deren Öffnung ragt eine Kaimauer ins Meer. Das sind die Anlegestelle und gleichzeitig der Hafen des Ortes. An der Stelle, wo die Mauer in Land übergeht, stehen ein paar Gerätehäuser und ein höheres Gebäude mit quadratischer Grundfläche.

Vom Hafen bis zur Ortsmitte sind es 300 Meter, wenn überhaupt. Anstatt eines abgegrenzten Zentrums tobt das Leben entlang der Frederik Crescent Straße. Doch stellen Sie sich dieses nicht zu wild vor. Auf Islay herrscht Gelassenheit. An der Hauptstraße findet man einen Spar Shop (Ecke Charlotte Street), den Fleischer, die Post, die Polizei, einen Co-op-Markt und an der Kreuzung nach Ardbeg einen kleinen Tante Emmaladen. Für das leibliche Wohl sorgt ein Inder mit Take Away Möglichkeit, während man für Flüssignahrung im Ardview Inn an richtiger Adresse ist. Eigentlich sind es sogar 2 Pubs mit einem Eingang. Beim ersten Besuch hielten wir uns rechts. Was rechts liegt kann ja nur recht sein. Doch es war überhaupt nichts los. Es hatte gar den Anschein, als ob die schon zusammenräumen. Nein, so hatten wir unser Feierabend-Pint mit den Einheimischen nicht vorgestellt. Wir wollten gerade gehen, als sich die Tür der gegenüberliegenden Bar einen Spalt öffnete. Lärm drang nach draußen. Na ja, einen Versuch hatten wir noch. Wir drückten leicht an der Tür, als diese aufgerissen wurde und man uns hereinbat. An der Theke standen vielleicht 6 Personen, die sich lautstark unterhielten. Einen Platz an den spärlich vorhandenen Tischen zu finden, war nahezu aussichtslos. Doch the Ileach – Inselbewohner – sind freundlich und rücken schon mal zusammen, wenn es eng wird. Wir sagten Danke und nahmen das geschaffene Platzangebot an. Notfalls hätte ich mein Bier auch im Stehen genossen. Zur Auswahl boten Sie Guinness, ein paar Alesorten, Belhavens Best – ein Kompromiss zwischen Ale und Guinness: so süffig wie Ale und cremig, sahnig wie Guinness; Farbe: schokobraun – Cider sowie eine große Auswahl einheimischer Whiskys. Ein zweiter Raum grenzt an den Barraum. In den Ecken stehen weitere, kleinere Tische, die bereits voll ausgenutzt wurden. Einen Fernseher, wie in irischen Pubs üblich, sucht man hier vergeblich. Das hieß, das kommende UEFA-CUP-FINALE mit den Glasgow Rangers konnte man nicht in diesem Pub schauen. Das hinderte uns jedoch nicht daran, an weiteren Tagen die Bar aufzusuchen. Nur hielten wir uns dann von vornherein links.

Eine Übernachtungsmöglichkeit bietet das White Hart Hotel, das an der Charlotte Street Richtung Bowmore zu finden ist. Auch hier kann der Durstige einkehren. Doch im Gegensatz zum Ortspub ist in der kleinen Bar nichts los. Selbst bei der Übertragung des Cup-Finales – hier gab es einen großen Fernseher – befanden sich nur Deutsche in dem Raum. Das Thekenpersonal schaute eher gelangweilt als interessiert zum Fußballspiel. Na ja, wer konnte es verdenken, die Leistung der Schotten trug nicht unbedingt zur Belebung bei. Größere Aufmerksamkeit erzielten da schon ein Spielautomat und ein Billardtisch. Das zweite Spiel – UEFA Champions League

Finale – mussten, halt, durften wir uns in der Hotellounge ansehen. Die Anzahl der Fußballbegeisterten hatte sich immerhin fast verdoppelt, doch auch hier handelte es sich nur um Hotelgäste. Die Einrichtung und die Bar wirkten zwar ganz nett, aber passten trotzdem nicht so richtig zum einfachen Leben der Einheimischen. Wir waren froh, dass wir uns für ein Ferienhaus entschieden hatten. Da konnten oder mussten wir uns sogar genauso versorgen, wie es der Nachbar nebenan tat. Direkt an der Ecke zur Charlotte Street – noch vor dem Spar Shop – ist ein weiteres Hotel im Bau. Bis Anfang 2009 soll es fertig gestellt werden. Einen richtigen Namen besitzt es offiziell noch nicht, denn dieser soll in einem Gewinnspiel erraten werden. Bis dahin fungiert Port Ellen Hotel als Interimslösung.

Menschen sind nicht die einzigen, die hin und wieder ihren Durst stillen sollten. Wer es versäumt hat, sein Fahrzeug auf dem Festland zu betanken, bekommt direkt neben dem White Hart Hotel die Chance dies nachzuholen. Doch bevor Sie gleich zum Zapfhahn greifen, prüfen Sie, wie nötig das Betanken ist. Auch wenn Islay kein dichtes Tankstellennetz besitzt, lohnt sich der Preisvergleich zwischen den einzelnen Anbietern allemal. Zur Zeit unseres Aufenthaltes auf Islay schnitt die Tankstelle in Port Ellen als teuerste ab, und zwar nicht nur um 2 Pence. Auch sollten Sie sich bewusst sein, dass Diesel generell teurer ist als Petrol – dies gilt nicht nur für die Insel. Falls Sie also planen, ein Auto für den Urlaub zu mieten, wählen Sie am besten einen Benziner.

Wer einen längeren Aufenthalt in Port Ellen plant, dem bieten sich weitere Freizeitmöglichkeiten. Wendet man seine Schritte in Richtung der Port Ellen Maltings, erreicht man, kurz nachdem man die Tankstelle passiert hat, das Sportzentrum des Ortes. Hier kann man Tennis oder Fußball spielen, sogar ein Boulefeld ist nutzbar. Direkt gegenüber liegt einer der beiden Sandstrände von Port Ellen: Tráigh Gheighsgeir. Er erstreckt sich von der ehemaligen Distillery bis fast zum Hafen. Dieser ist nicht immer ganz sauber, wegen der Wellen, die von der Fährroute herüberschwappen. Das soll nicht heißen, dass sich der Müll hier häuft. Es sind eher Algen und Seekraut, die sich

am Strand verteilen. Für besondere Ereignisse auf der Insel –
z.B. Ile Feis – wird er jedoch von solch Unrat beräumt. Besonders erwähnenswert ist noch, dass in unmittelbarer Nähe zum
Strand ein öffentliches Toilettenhäuschen steht, das von
außen betrachtet einen sehr guten Eindruck hinterließ. Da wir
nur ungefähr 300 Meter entfernt wohnten, erübrigte sich für
uns ein genauerer Test.

Ein weiterer, etwas kleinerer Sandstrand führt parallel zur Frederik Crescent Straße um das Loch Leódamais herum. Das ist
die bereits erwähnte kleine Bucht, an deren Anfang der Hafen
liegt. Auch hier konnte man mit auf dem Sand liegenden Mee-
resgewächs in Kontakt kommen, bevor es für die bevorstehende Festlichkeit entfernt wurde.

Einen Geheimtipp kann ich all denen verraten, die einen
längeren Marsch nicht scheuen. Vorbei an den noch genutzten
Lagerhäusern der Brennerei und durch ein kleines Waldstück
erreicht man nach ungefähr einem Kilometer einen Sandstrand mit Dünen: Kilnaughton Bay. Dieser Küstenabschnitt
entwickelte sich zu unserem Lieblingsort, an dem wir einmal
sogar den Tag ausklingen ließen. Bewaffnet mit einer Flasche
Black Bottle, den Glencairn Gläsern sowie 2 Zigarren ließen
Go und ich die Dämmerung über uns hereinbrechen. Eine
wirklich gute Art, Urlaub auf Islay zu genießen. Man kann dort
natürlich auch baden, doch das Wasser ist zumindest in dieser
Jahreszeit sehr frisch. Wir schätzten die Temperatur auf 10-
13 °C, genau konnten wir uns nicht festlegen. Und auch nicht
erfahren. Auf die Frage, wie kalt das Wasser sei, antwortete
uns ein Inselbewohner: to cold – zu kalt.

Wer jetzt meint, dass Port Ellen losgelöst von der restlichen
Welt sein Leben träumt, der irrt. In einer verwinkelten Seiten-
straße des Frederik Crescent befindet sich ein Internet Café.
Dies kann man mit einem Jugendtreff vergleichen, denn außer
ca. 7 unterschiedlichen PC-Stationen stehen in dem Raum
noch eine Couch, ein Fernseher und ein Billardtisch. Der Preis
für eine Internetnutzung beläuft sich auf 1 GBP je 20 Minuten,
was jedoch selten so genau berechnet wird. Eine Art Stechuhr
oder Zeitanzeige gibt es nicht, und die Dauer wird Pi mal Daumen nach der großen Wanduhr bemessen. Meistens zum Vor-

teil des Internetusers. Ab und an ist noch nicht einmal ein Betreuungspersonal da, dann darf man seine Gebühr vertrauensvoll in eine Box mit Schlitz werfen. Hungern oder gar Verdursten muss der lang im Internet Verweilende auch nicht. In The Corners Kitchen nebenan kann man kleinere Speisen und Getränke zu recht humanen Preisen zu sich nehmen.

Wem das alles noch nicht genug ist, kann sich in der Umgebung von Port Ellen austoben. Direkt an den Port Ellen Maltings gabelt sich die Straße. Folgt man der Hauptstraße weiter, erreicht man Bowmore sowie den Norden der Insel. Biegt man stattdessen nach Westen ab, gelangt man nach gut einer halben, dreiviertel Stunde zum Mull of Oa. Das klingt zwar relativ weit, doch die Fahrzeit ist einzig der Beschaffenheit der Straße – oder soll ich sagen – des Fahrweges geschuldet. Dort kann man ein Mahnmal für gefallene amerikanische Soldaten begutachten oder an der Steilküste seine Blicke in die Ferne werfen. Bei guter Sicht sieht man sogar die Küste von Nordirland. Wenn man die Zeit gut abschätzt, hat man von hier einen wunderbaren Sonnenuntergang. Nicht ganz so weit von Port Ellen entfernt, aber auch westlich, steht ein Light House, das 1832 ein Herr Walter Frederick Campbell seiner großen Liebe Lady Ellenor Campbell gewidmet hatte. Damit niemand seinen Akt der Zuwendung in Vergessenheit geraten lässt, hat er noch ein Liebesgedicht hinzugefügt.

Bevor ich mich dem Norden zuwende, folge ich der Straße in Richtung Ardbeg. Nach gut 3 Kilometern erreicht man die erste Destille: Laphroaig.

Doch zuvor noch ein paar Adressen und Hinweise zu Port Ellen (Stand Juni 2008):

1. Spar Shop

Newsagent & General Store
19 Charlotte Street
Port Ellen
Isle of Islay, PA42 7DF

- *Geöffnet Mo-Sa von 10-13 Uhr und 14-17 Uhr*
- *Beschränktes Angebot*
- *Teilweise günstigeres Whisky-Angebot*

2. Co-op-Markt

74 Frederick Crescent,
Port Ellen,
Isle Of Islay, PA42 7BD

- *Durchgehend geöffnet, Mo-Sa bis 20 Uhr, So bis 18 Uhr*
- *Kleinere Auswahl und Mengen als im Co-op in Bowmore*
- *Eier günstiger als Co-op Bowmore*

3. Post

66 Frederick Crescent
Port Ellen
Isle Of Islay PA42 7BD

- *Geöffnet Mo-Fr 10-13 Uhr + 14-17 Uhr*
- *Leerung der Postkästen in Port Ellen: Mo-Fr 15:15 Uhr bzw. 15:30 Uhr, Sa 08:15 Uhr*

4. Royal Bank of Scotland

47 Frederick Crescent,
Port Ellen, Isle Of Islay,
PA42 7DN

- *Lage: beim Hafen*
- *Geöffnet Mo-Fr bis 17 Uhr*
- *Kein Geldautomat*

5. Cyber Café und Corners Kitchen

30 Mansefield Pl,
Port Ellen,
Isle Of Islay.
PA42 7BJ

- *Internet möglich von 09-21 Uhr, außer So: bis 19 Uhr*
- *Während dieser Zeit nicht immer Personal da, dann kein Zutritt für Kinder*
- *Imbiss, wenn Personal anwesend, max. bis 20 Uhr*

6. White Hart Hotel

1 Charlotte Street,   Tel: +44 (0)1496 300120
Port Ellen
Isle of Islay,   www.whitehearthotelislay.com
PA42 7DF   office@whitehearthotelislay.com

- *Zimmerpreise inkl. Full Scottish Breakfast (Nebensaison: Nov-Apr und Hauptsaison: Mai-Okt):*
  - *First Class (en-suite) mit Seeblick: 50 / 90 £ – 70 / 100 £*
  - *Saloon Class (en-suite):   45 / 80 £ – 65 / 90 £*
  - *Steamer Class (not en-suite):   40 / 65 £ – 45 / 75 £*
  - *Cabin Class (not en-suite):   30 / 55 £ – 30 / 60 £*
- *Hotellounge mit Bar, Restaurant für Hotelgäste und Feiern; kleiner Pub mit Billardtisch, Dart, Musikbox und Spielautomat*

7. Tigh Cargaman Cottages

Port Ellen   Tel: +44 (0)1496 302345
Isle of Islay,
PA42 7BX   www.tighcargaman.com
United Kingdom   tighcargaman@hotmail.co.uk

- *3 Cottagetypen (Preise saisonabhängig):*
  - *Stables Cottage (3 Sterne): 4 Personen: 1 Doppelbettraum + 1 Raum mit 2 Einzelbetten; Küche; Lounge; Bad+WC; 245 – 420 £*
  - *Old Cottage (3 Sterne): 4 Personen: 2 Räume mit je 2 Einzelbetten im Obergeschoss; Küche; Lounge; Esszimmer; Dusche + WC; 245 – 420 £*
  - *Garden Cottage (4 Sterne): 2 Personen: 1 Raum mit 2 Einzelbetten; Lounge mit Küche; Dusche+WC; 170 – 270 £*
- *Parken ist jeweils am Haus möglich*
- *Sehr nette und hilfsbereite Vermieter*
- *Lage: Richtung Port Ellen Maltings, kurz vor Abzweig zum Mull of Oa befindet sich rechts eine Einfahrt, dann am 1. Haus vorbeifahren*
- *Viele Krähen nisten in den Bäumen dahinter*

8. „Ardview Inn" Pub

67 Frederick Crescent,
Port Ellen,
Isle of Islay,
PA42 7BD

- Treffpunkt der Einheimischen
- Humane Preise: 2,30 – 3 £ für Pints:
  Ales, Best, Cider, Lager, Guinness
- Gutes Angebot heimischer Whiskys
- Rauchverbot im Innern

9. „The Maharani"

57 Frederick Crescent
Port Ellen
Isle Of Islay,
PA42 7BD

- Auf das notwendigste beschränktes
  Restaurant
- Große Auswahl indischer Gerichte
- Hier kann man für weniger als 10 £
  essen

10. Jim Lutomski — Artistic Wizardry

Columba Hall
Frederick Crescent
Port Ellen
Isle of Islay
Argyll PA42 7BD

Tel: +44(0)7760 196 592

www.lutomskiart.co.uk
enquiries@lutomskiart.co.uk

- Schotte mit polnischen Wurzeln
- Maler von Portraits und Landschaftsbildern in verschiedenen
  Techniken: Öl, Aquarell ...
- Fahrradverleih und –reparaturservice
- Atelier und Werkstatt im hinteren Teil der Columba Hall
  (Seiteneingang)
- Geöffnet, wenn Tür offen, sonst Kontakt über angepinte Telefon-
  nummer.

Heimat der Freunde: Laphroaig

Das erste, was man erreicht, ist ein hohes, lang gezogenes Gebäude – ähnlich einer Halle. Kein typisch weißer Anstrich, wie man vermuten könnte. Doch davor stehen ein paar Fässer. Gehört der „Schuppen" zur Laphroaig Distillery? Hundert Meter weiter – es können auch zweihundert sein – stehen zwei Schilder auf der linken Seite. Eines davon enthält folgenden Anfangstext:

LAPHROAIG®
SINGLE ISLAY MALT
SCOTCH WHISKY
Friends of Laphroaig®
...

Darauf wird erläutert, dass das dahinter liegende Stück für die Freunde des Laphroaigs reserviert wurde. Diese haben ein lebenslanges Anrecht auf ihr Grund und können beim jährlichen Besuch der Distillery ihren Pachtzins in Form einer Miniatur einfordern. Bedingung: Sie müssen persönlich vorbeikommen. Ein netter PR-Gag, den sich die Werbestrategen der Brennerei da haben einfallen lassen. Beim Kauf einer 70cl Flasche aus dem Sortiment von Laphroaig bekommt man einen Authorisierungscode, den man entweder per Post oder online der Destille mitteilen muss. Über das Internet ist natürlich günstiger, da keine weiteren Kosten anfallen. Als Gegenleistung bekommt man eine Nummer, die den Plot bezeichnet, eine Besitzurkunde, Business Cards und die Möglichkeit mit anderen Freunden – vielleicht sogar aus der näheren Umgebung, die man noch gar nicht kannte – zu kommunizieren. Natürlich kann man sich ebenso die neuesten Infos der Brennerei schicken lassen, z.B. über bevorstehende Abfüllungen oder dass der Prince of Wales, Prince Charles, im Juni 2008 Laphroaig nach gut 15 Jahren erneut besuchte.

Das andere Schild weist die Richtung zur Distillery. Eine etwa
100 Meter lange und für Islay-Verhältnisse recht breite Straße
endet direkt vor der Mauer des Brennereikomplexes. Nun
könnte man einfach durch das Tor spazieren und auf das Gebäude am Wasser zuhalten, doch ein weiteres Schild bittet
darum, den Fußweg zu nutzen. Kurz bevor man das Gelände
betritt, wird man Willkommen geheißen – logischerweise wiederum durch ein Schild. Aber nicht nur das, es werden auch
gleich die ersten Fakts zur Distillery vermittelt: Gründung und
warum der Whisky so einzigartig ist. Wer anhand dieser Daten
die Außergewöhnlichkeit nicht erkennt, wird sie spätestens mit
dem ersten Schluck nicht abstreiten können. Doch ich möchte
nicht vorgreifen. Vorbei an gedrungenen Lagerhäuschen gelangt man in den Hof der Destille. Linkerhand befindet sich der
theoretische Teil: Rezeption, Management und derlei Ähnliches. In den Gebäuden rechts des Hofes findet das statt, warum man hergekommen ist: die Herstellung von Whisky. Hält
man die Richtung bei, die man ausgangs der Gasse hatte,
gelangt man an die Ausläufer der Meeresbucht. Dieser Anblick, vielleicht auch einst von der See betrachtet, verleitete

einst die Gründer dazu, Laphroaig als Namen für die Distillery zu wählen. ‚The beautiful hollow by the broad bay' – ‚Die wunderschöne Senke an der breiten Bucht' trifft's im Deutschen wohl am besten.

Das Visitor Centre und gleichzeitig der Ausgangspunkt der Tour befindet sich gegenüber dem Management Gebäude. Da Laphroaig eine von drei Destillen ist, die ihr Malz noch selber herstellen, gewährt man dem Besucher – für 2 GBP Tourbeitrag – Einblick in jede Phase des Herstellungsprozess. Zwischendurch gereichte Geschmacks- und Geruchsproben sowie ein Dram zum Schluss runden die Führung ab. In unserem Fall gab es am Ende einen Quarter Cask, den man im Visitor Centre bzw. als Friend of Laphroaig (FoL) in einer speziellen Lounge genießen durfte. Jetzt ist auch für den Letzten die Zeit gekommen, zu erkennen, warum sich die Destille als einzigartig beschreibt: Medizinisch, phenolisch und torfrauchig sind die herausstechendsten Eigenschaften des Whiskys. Und es bewahrheitet sich der Spruch: Love it or hate it – Liebe ihn oder hasse ihn, doch es gibt kein dazwischen. Auch der neueste Slogan der Brennerei fügt sich nahtlos an: ‚There are Malt Whiskies and then there's Laphroaig' Es gibt Malt Whiskys und dann gibt es Laphroaig!

Im Anschluss an die Führung erhalten die FoLs den Pachtzins vor der versammelten Touristenmannschaft. Eine dazu ausgehändigte Urkunde bescheinigt, dass der „Freund" an besagtem Tag die Distillery besuchte und die Pacht eingesammelt hat. Danach darf er sich mit einem Fähnchen, das seiner Nationalität entspricht, bewaffnen und sein Grundstück in Augenschein nehmen. Da die Brennerei nicht garantieren kann, dass man das Land trockenen Fußes erreicht, werden entsprechende Klamotten kostenlos zur Verfügung gestellt: Gummistiefel, Überlebensweste und eine Mütze, die dem britischen Landadel alle Ehre macht. Mein Grund und Boden – a Square Foot – befindet sich, wie eingangs erwähnt, auf der anderen Seite der Hauptstraße. Wo der Quadratfuß auf der Weide genau gelegen ist, muss anhand der Plotnummer und mittels Schritten ermessen werden. Jetzt zeichnet sich auch die bereitgestellte Kleidung aus, da ein Teil des Landes unter

Wasser liegt. Die Fahne in den Boden gerammt und ein privates Foto für die Ahnen, das ist alles was bleibt. Denn aufgrund des nicht immer mäßigen Windes kann sich der Nationalitätsbeweis verflüchtigen.

Letztendlich darf man sich – auch als Normaltourist – im Gästebuch der Brennerei verewigen. Besonders beliebt zu sein, scheint Laphroaig bei den Schweden zu sein, wenn man den Eintragungen und dem Fähnchenregal Glauben schenken darf.

Die Tour beim wohl geschmacklich außergewöhnlichsten Islay Whisky ist nett, doch nach unserem Anschein fehlte etwas. Auf der Website von Laphroaig wird während des virtuellen Rundgangs in Videobeiträgen von lokalen Feldern und vom verwendeten Wasser gesprochen, die in der Tour nicht würdig berücksichtigt werden. Natürlich könnte so ein Marsch zu den Reservoiren den zeitlichen Rahmen einer Führung sprengen, da man als Besucher nicht weiß, wie weit diese entfernt sind. Und möglicherweise ist das auch nicht unbedingt für jeden Tourist geeignet, aber meiner Meinung nach sollte man es zumindest anbieten. Vielleicht als Extratour, 1x wöchentlich und meinetwegen mit einer zusätzlichen Gebühr.

Laphroaig kurz zusammengefasst:

Laphroaig Distillery,
Port Ellen,   Tel. +44 (0)1496 302 418
Isle of Islay,   Fax: +44 (0)1496 302 496
Argyll,   www.laphroaig.co.uk
PA42 7DU   friends@laphroaig.com

- Lage: ca. 2,5-3 Kilometer von Port Ellen Richtung Ardbeg
- Kostenloser Parkplatz vorhanden
- Bushaltestelle in der Straße zur Destille
- Geöffnet Mo-Fr 09-17 Uhr, Sa 11:30-13 Uhr
- Touren: Mo-Fr 10:15 und 14:15 Uhr, (Anmeldung erforderlich)
- Eintritt: 2 £ (auch für FoL); diesen bekommt man beim Kauf einer 70cl Flasche angerechnet. Die Gebühr beinhaltet einen Dram am Ende der Tour
- Besichtigte Bereiche: Von Malting Floor bis Lagerung
- Shop: Keramik, Glas, Shirts, Kravatten, 70cl Flaschen der gängigen Marktbranche (10J., 10J. Fassstärke, 15J., Quarter Cask und evtl. Sonderabfüllungen – im Mai 2008 „Cairdeas"), keine Miniaturen

Scottish Gaelic @ Lagavulin

Verlässt man Laphroaig und begibt sich weiter in Richtung Ardbeg, erreicht man nach etwa einen Kilometer den Ort Lagavulin. Na ja, Ort ist ein wenig zu hochtrabend ausgedrückt, denn Lag a'Mhuilinn, wie der gälische Name lautet, ist allenfalls eine Ansiedlung von wenigen Häusern. Aber das ist nicht weiter von Belang. Viel interessanter ist doch, was sich hinter den weißen Fassaden des größten Gebäudekomplexes abspielt.

Der Produktionsprozess des Classic Malt von Islay beginnt mit dem Mahlen des Malts. Die Schritte der Malzherstellung werden von der Tochterfirma, der Port Ellen Maltings, übernommen. Daher kann man sich bei Lagavulin vollständig auf die Whiskywerdung konzentrieren. Zwar kommt die bei den Maltings verwendete Gerste vom schottischen Festland, doch bei den restlichen Rohstoffen – Wasser, Wind und Wetter – vertraut man den heimischen Ressourcen. Im Großen und Ganzen gleicht die Herstellung des Whiskys der, wie sie auch in den anderen Destillen der Insel betrieben wird. Natürlich, Nuancen gibt es schon, sonst würde ja jeder Whisky gleich sein. Aber bei Lagavulin kann der im Herstellungsprozess bewanderte Besucher außerdem seine Kenntnisse im Gälischen auffrischen. Oder wissen Sie schon wofür folgende Begriffe stehen:

TAIGH NAN TUNNACHAN, TALLA NAN TOSGAID,
TIGH NA STAILE, STOR LIONAIDH

Abgefüllt wird bei Lagavulin hauptsächlich in Fässer, zum Teil auch in Tanks. Doch das Bottling übernimmt der Dachkonzern auf dem Festland: DIAGEO. Daher sucht man eine solche Anlage hier vergebens. Am Ende der Führung wird man in einen Salon geführt, in dem man den wohlverdienten Dram erhält. Zur Auswahl stehen der 12er und der 16er Lagavulin, mit besonderem Glück noch eine Spezialabfüllung. Ob diese regelmäßig offeriert wird, kann ich nicht mit Gewissheit sagen.

Doch unser Besuch fand direkt vor dem Feis Ile statt, da durfte man schon mal nippen. Der Raum, in dem wir unseren Schluck genossen, ist wie eine kleine Bibliothek eingerichtet. Verschiedene Ohrensessel im schottischen Design, ein Kamin und ein gut bestücktes Bücherregal. Fehlten nur noch der kalte Winterabend und eventuell die Genießerzigarre.

Im Punkto Shop und Angebot schneidet die Destille schlecht ab. Natürlich, man kommt nicht hierher, um sich die Taschen voll zu stopfen. Doch das ein oder andere Andenken an den Besuch würde sich schon gerne mitnehmen lassen. Stattdessen werden nur die Produkte der einzelnen Classic Malt Mitglieder in kleinen bzw. großen Sets angeboten. Miniaturen der Brennerei und Souvenirs in anderer Form, wie z.B. Keramik oder Kleidung sind gar nicht erhältlich. Für den, der sich doch zu einem Kauf von Flaschen durchringen konnte, ist ein nachträglicher Versand nicht möglich. In solch einem Fall sollte man als Whiskyliebhaber die Dienstleistung eines Online Shops in Anspruch nehmen, so die Aussage des Vorort-Personals.

Doch die Talsenke mit der Mühle, so die deutsche Übersetzung des Namens, ist nicht nur Heimat für Whisky und dessen Genuss. Direkt gegenüber der Brennerei, am Ausgang der Bucht, stehen die Reste des Dunyveg Castle. Es diente einst den Lord of the Isles als Flottenstützpunkt. Auch der Clan der McDonalds soll in der näheren Umgebung seinen Ursprung haben. Ob er allerdings mit dem heute bekannten „Goldenen M" in Verbindung steht, möchte ich an dieser Stelle nicht behaupten. Die Ruine eignet sich hervorragend, um einen Blick auf die Brennerei mit dem schwarzen Schriftzug zu werfen oder einfach zum Träumen. Und man kann sich auch sehr gut vorstellen, wie einst im Stillen die ersten „Whiskyproduzenten" ihr flüssiges Gold brannten.

Die Mühle? Wo die ist oder war, da bin ich überfragt. Unter den Häusern der Ansiedlung ist mir jedenfalls kein Gebäude mit einer solchen Funktion aufgefallen. Ob sie abgerissen, umgebaut oder in einen Komplex integriert wurde, entzieht sich meiner Kenntnis.

Lagavulin im Steckbrief

Lagavulin Distillery,
Port Ellen,
Isle of Islay

Tel: +44 (0) 1496 302 730
Fax: +44 (0) 1496 302 733
www.malts.com
www.discovering-distilleries.com
rosie.johnston@diageo.com

- *Lage: ca. 4 Kilometer von Port Ellen in Richtung Ardbeg*
- *Kleiner kostenfreier PKW-Parkplatz*
- *Bushaltestelle vor Eingang*
- *Touren Mo-Fr 09:30, 11:15 und 14:30 Uhr, nach vorheriger Anmeldung, diese per Telefon vornehmen oder vorher persönlich vorbeigehen (telefonisch konnte mehrmals von Deutschland keine Verbindung hergestellt werden)*
- *Eintritt: 4 £ (für Classic Malt Mitglieder frei); wird beim Kauf einer 70cl Flasche angerechnet*
- *Kinder unter 8 Jahren haben keinen Zutritt in die Produktion*
- *Tourbereiche: Mahlen des Malts – Fassabfüllung*
- *Dram: Auswahl von verschiedenen Abfüllungen*
- *Shop: sehr spartanisches Angebot, kein Versand möglich*
- *Highlights: Ruine des Dunyveg Castle in näherer Umgebung*

Ardbeg – Torfiges Schwergewicht

Die letzte der drei südlichen Brennereien auf Islay ist Ardbeg. Um diese Distillery zu erreichen, muss man nur noch einen weiteren Kilometer von Lagavulin zurücklegen. Das ist relativ grob geschätzt, denn es scheint, dass die beiden Nachbarn unmittelbar nebeneinander liegen. Gerade einmal eine kleine Anhöhe sowie eine Kurve, und man steht praktisch vor den Toren. An der Hofeinfahrt, da wo sich Lieferverkehr und Besuchsverkehr voneinander trennen, steht eine ausrangierte Brennblase. Wer es also bis hierher nicht ahnte, der weiß es jetzt mit Sicherheit: Das ist eine Whisky Distillery. Im Hof ist ein großzügiger Parkplatz für Besucher angelegt. Die Tür ins Innere und damit in die geheimnisvolle Welt des geschwungenen „A" befindet sich in einer Ecke der geometrisch anmutenden Anlage. Von einem Gang gelangt man ins Visitor Centre, das neben dem Shop auch ein Café beinhaltet, dessen Speisen auf der ganzen Insel gelobt werden. Für die Tour muss man ähnlich wie bei Lagavulin 4 GBP entrichten.

Auch bei der Tour gibt es Gemeinsamkeiten zwischen den Nachbarn zu erkennen. Der Herstellungsprozess von Whisky in der Destille beginnt beim Mahlen des Malzes, das von den Port Ellen Maltings geliefert wird. Doch bevor der wissbegierige Tourist mit den Einzelheiten des Mahlvorgangs betraut wird, erfährt er in einer Art Museum von den früheren Tätigkeiten bei Ardbeg. An den hölzernen Wänden hängen alte Aufnahmen und ein Lageplan der Brennerei aus vergangenen Tagen, am Boden liegen bzw. stehen alte Gerätschaften, die beim Malting verwendet wurden. Zum Abschluss der Historie geht man durch die ehemaligen Getreidebehälter zu dem noch heute genutzten Teil der Brennerei. Während bei den anderen Destillen auf Islay – bis auf eine Ausnahme – der ein und derselbe Mühlentyp, aus England stammend, verwendet wird, vertraut man hier auf schottische Technik aus Edinburgh. Im weiteren Verlauf der Tour besichtigt man Maische- sowie Fermentierungsprozesse, kann an den gegebenen Stellen auf Kostproben zurückgreifen, begutachtet die Ardbeg'schen

Schwanenhälse und erfährt über die Besonderheit der Destillierung hier. Zum Schluss des Rundganges wird man wieder ins Visitor Centre geführt, wo man sich seinen Dram aus einer großen Bandbreite wählen darf. Für Fans der jungen, aggressiven Malts stehen „Almost There" und „Very Young" zum Probieren bereit. Whiskyliebhaber, die gern etwas Milderes bevorzugen, können gern den mit einem Sherryfass vermählten „Uigeadail" verkosten. Der Name wurde in Anlehnung an eines der verwendeten Wasser Reservoir gewählt. Für Fanatiker von sehr torfigen Schwergewichten gibt es seit Neuesten den „Airigh Nam Beist", von den Menschen der Distillery liebevoll The Beastie! genannt. Der hält, was er verspricht: sattes Torf. Bei all den Highlights darf man jedoch nicht versäumen, auch den angebotenen „Ardbeg Ten" zu nennen.

Für eine andere Distillery könnte ich die Beschreibung an dieser Stelle beenden. Doch bei Ardbeg lohnt es sich, noch einen Blick in den Shop zu werfen. Wir verbrachten dort mindestens genauso viel Zeit, wie für die gesamte Tour veranschlagt wurde. Im Verkaufsbereich des Visitor Centre gibt es eine große Auswahl an Kleidung im legeren und Outdoor-Bereich. Neben Kleinkeramik wie Kaffeetassen kann man auch diverse Glaswaren, z.B. Tasting Gläser, Tumbler etc. erwerben. Wer mehr auf mediale Andenken steht, hat die Möglichkeit aus Büchern und CDs zu wählen. Nicht zu vergessen sind die Highlights im flüssigen Sektor. Miniaturen sucht man hier fast vergeblich – im Kassenbereich kann sich schon mal eine verstecken. Dafür glänzen sie bei den Angeboten im 70cl-Bereich mit anderen Besonderheiten: Abfüllungen von Lord of the Isle, Single Cask 1375 und Corryvreckan. Als ob das noch nicht genug ist, gibt es zur Krönung ein außerordentliches Set: 2 Flaschen des 1974er Jahrganges, diverses Trinkzubehör in Sterling Silber, einen exklusiven Stift mit Ardbeg-Gravur und Erläuterungen. Allerdings muss der Interessent in diesem Fall sein Portemonnaie besonders weit aufmachen.

Für Fragen von Kaufwilligen und wenig Entschlossenen steht das Verkaufspersonal beratend sowie hilfsbereit zur Seite, ohne jedoch aufdringlich zu sein. Ein weiteres Plus gegenüber anderen Brennereien erhält Ardbeg, weil man seinen Tourbeitrag auf jeden Kauf anrechnen lassen darf. Die einzige Bedingung dafür ist, dass ein Grundwert von mindestens 15 GBP überschritten wird. Dabei ist es uninteressant, ob man eine 70cl Flasche erwirbt oder sich für andere Dinge entscheidet. Leider konnten wir an dem Tag nicht das Café testen, weil die Distillery in der Vorbereitung für das Festival steckte. Die Hälfte der Mitarbeiter – inklusive des Managers – waren damit beschäftigt, eine ganze Flut an Flaschen in Kartonagen zu verpacken. Aus diesem Grund hatte Ardbeg eigentlich auch geschlossen und nur für die angemeldeten Touren geöffnet.

Ardbeg auf einen Blick:

Ardbeg Distillery,	*Tel: +44 (0) 1496 302 244*
Port Ellen, Islay,	*Fax: +44 (0) 1496 302 040*
Argyll	*www.ardbeg.com*
PA42 7EA.	*oldkiln@ardbeg.com*

- *Lage: 3 Meilen (ca. 5km) von Port Ellen entfernt*
- *Kostenfreier Parkplatz*
- *Endpunkt der Buslinien 450, 451, 456 und Postbus 196*
- *Geöffnet*
  - *Ostern-Mai, September: Mo-Fr 10-17 Uhr*
  - *Juni-August: Mo-So 10-17 Uhr*
  - *Oktober-Ostern: Mo-Fr 10-16 Uhr*
- *Touren: Mo-Fr 10:30 und 15 Uhr, von Juni-August zusätzliche Touren um 12 und 13:30 Uhr sowie alle Touren auch Sa + So (vorheriger Anmeldung für alle Führungen)*
- *Eintritt: 4 £, wird beim Einkauf von mind. 15 £ im Shop angerechnet*
- *Tourbereich: Maltings (theoretisch); Mahlen des Malts – Fassabfüllung*
- *Führungsstil: sehr professionell sowie sehr gutes, verständliches Englisch*
- *Shop: breites Angebot, guter Service*
- *Highlight: Old Kiln Café*
  - *Geöffnet: Mo-Fr 10-16 Uhr, Juni-August auch Sa + So*
  - *gelobt für sein Speisenangebot*

Spurensuche 1. Teil

Verlorene Pfade

Nach drei Distilleries auf gut 5 Kilometern haben wir uns eine
Auszeit verdient. Eine sehr kurze Distanz von Port Ellen, auf
der im Wesentlichen das erläutert wurde, was die Whiskyherstellung auf Islay ausmacht. Jetzt ist es an der Zeit, den Islay
Brand hinter sich liegen zu lassen. Doch kann man auf der
Insel überhaupt Abstand vom Whisky nehmen?
So eindeutig, wie die Frage gestellt ist, lässt sie sich nicht be-
antworten. Natürlich, Whisky ist nicht alles, was auf der Insel
zählt bzw. von dem es zu berichten gibt. Andererseits wird
Islay auch häufig als Whiskyinsel bezeichnet und das hat seinen guten Grund. Das hebridische Eiland besitzt heutzutage
10 Destillen, die mehr oder weniger direkt mit der Herstellung
des Getränkes zu tun haben. Für eine relativ kleine Insel –
deutlich kleiner als Mallorca – eine recht beträchtliche Dichte.
Doch vor 150 – 200 Jahren gab es bedeutend mehr. Die einen
existierten einige Jahre, einige schlossen nach hundertjähriger
Produktion. Wiederum andere wurden in bestehende Brennereien integriert und prägen heute deren Erscheinungsbild.
Die Straße von Port Ellen hat bei Ardbeg noch lange nicht ihr
Ende gefunden. Zwar geht sie mehr und mehr in eine C-Straße über, und das ist sicherlich auch der Grund, warum die
Buslinien bei der letzten Destille ihren Endpunkt erreicht haben, aber es lohnt sich dem Fahrweg weiter zu folgen. Doch
seien Sie vorsichtig, zu große Geschwindigkeiten sollten Sie
nicht auf den Belag legen. Teilweise sind die Fahrspuren so
stark ausgeprägt, dass der Mittelkamm das Auto berührt. Abgesehen von den Geräuschen, die dieser Kontakt verursacht,
ist es sicherlich auch nicht all zu gesund für das Fahrzeug.
Wohl dem, der ein Offroader fährt. Ab und zu verbessert sich
der Untergrund und man ist geneigt, das Gaspedal tiefer zu
drücken. Doch Vorsicht, es kann immer ein entgegenkommen-
des Fahrzeug hinter der nächsten Kurve auftauchen. Seien
Sie also geduldig. Falls Sie noch dazu besonders aufmerksam
sind, entgeht Ihnen auch die Verrücktheit der Einheimischen

nicht. Oder wie würden sie es beschreiben, wenn Sie einen Berg mit 14% Gefälle hinunterfahren und diesen dann auf der Rückfahrt mit 10% Steigung meistern. Ein und dieselbe Strecke mit zwei unterschiedlichen Wertangaben. Aber vielleicht möchten die Einheimischen eventuell ausgepumpte Radfahrer nicht mit immensen Steigungsprozenten schocken.

Nachdem man alle Eigenheiten und Widersprüchlichkeiten gemeistert hat, kann man drei Kreuze machen. Oder man begutachtet sie an dem Ort, den man nach ungefähr 6 Meilen von Ardbeg erreicht: Kildalton Cross. Das Kreuz vor der Ruine der Kildalton Church ist eins von zwei noch existierenden Steinkreuzen auf ganz Islay. Zu den besonderen Eigenschaften des Reliktes gehört der keltische Steinring, der die Kreuzform umrandet. Ähnliche Kreuze lassen sich auch in Irland finden, daher unterstützt das Kildalton Cross die These, dass irische Einwanderer die Insel einst bevölkerten. Man schätzt das Alter des Originalkreuzes auf mehr als 1.000 Jahre. Allerdings wurde der Sockel im 17. Jahrhundert einer Restauration unterzogen. Auf der Ostseite sind biblische Bilder in den Stein gehauen, während die Gravuren der Westseite dem Jahrhunderte andauernden Einfluss des Wetters Tribut zollen. Auch von der Kirche ist nicht mehr als eine Ruine übrig geblieben. Im Inneren kann man Grabplatten sehr alten Datums bewundern bzw. bei unvorsichtiger Begehung in dampfende Minen aus jüngerer Zeit treten. Was die Kühe bewog, ausgerechnet in die Kirche zu sch…, ob ein besonderer Kult dahinter steckt oder nicht, entzieht sich meiner Kenntnis. Doch Fakt scheint zu sein, dass selbst Stätten der ewigen Ruhe zum Einzugsbereich vom fressenden Getier gehören.

Nicht weit von dem touristischen Highlight entfernt, befindet sich das Ardmore House. In früheren Jahren wurde hier ebenfalls Whisky gebrannt. Die Frage, die sich dem Whiskyfreund jetzt aufdrängt, ist: Kann man von der „verlorenen Distillery" noch etwas erkennen? Uns kam genau der gleiche Gedanke in den Sinn, daher folgten wir dem Weg in Richtung Osten. Das Tor, das nicht weit von der Kildalton Church die Zufahrt versperrt, kann getrost passiert werden. Ich empfehle jedoch, dies zu Fuß zu tun, was sowieso gesünder ist. Eine lange

Gerade passiert gar nichts, außer dass man eine morastige Kuhweide links liegen lässt. Soweit man die Kühe darauf in Ruhe grasen lässt, gucken sie einen nur doof an und wir taten es zurück. Von dem Anwesen ist lange Zeit überhaupt nichts zu sehen. Nach vielleicht einem Kilometer – es mögen ein paar hundert Meter mehr oder weniger sein – gabelt sich der Weg. Wendet man sich rechts, muss man eine kleine Anhöhe bewältigen. Entscheidet man sich dagegen für den Teil, der leicht links weiterführt, gelangt man nach einigem kurvigen Geschlängel an die Meeresbucht Port Mòr. Im Hintergrund sieht man das Anwesen, das nichts mit dem Bild einer typischen Distillery gemein hat. Falls hier mal der Dunst von Whisky in der Luft hing, wurde er scheinbar von den Egeln vollständig aufgesogen. Aber gut anzuschauen ist der Landsitz allemal und den Abstecher wert. An der Seite der Bucht hat der Landbesitzer einen kleinen Hafen angelegt, in dem man bei glücklichem Zufall die Yacht „Stormcat 950" bestaunen kann. Fans von Yachten kennen sich eventuell aus, andere können sich gern bei YouTube.com von deren Fahreigenschaften überzeugen.

In der Zukunft plant man mit Port Mòr im weitesten Sinne Großes. Man versucht, im näheren Umfeld Jakobsmuscheln zu züchten. Ein erster Test auf der Westseite der Insel scheiterte, da dort bereits Austern angesiedelt wurden. Diese vertragen sich jedoch nicht mit den im Englischen genannten Scallops. Deshalb nun der Neuanlauf im Osten. Mal sehen, vielleicht gelingt es ja. Dann bekommt man von Islay nicht nur Whisky sondern auch exklusives Meeresgetier.

Zurück auf der Hauptstraße kann man noch weiter bis nach Ardtalla fahren. Dort endet die Straße oder das was davon noch übrig geblieben ist. Im weiteren Verlauf des Fahrweges passiert man laut der *OS Landranger Map 60* stehende Steine und ein Fort (Dùn). In wieweit diese intakt und touristisch bzw. archäologisch wertvoll sind, kann ich nicht angeben, da wir uns die restliche Strecke sparten. Um wieder nach Port Ellen zu gelangen, bleibt einem nichts anderes übrig, als die gesamte Straße zurück zu fahren. Eine alternative Route gibt es nicht.

Kildalton Cross

- Lage: ca. 6 Meilen der Straße hinter Ardbeg Richtung Ardtalla folgen, dann rechts abbiegen (Hinweis)
- Keltisches Kreuz aus dem 8.-9. Jahrhundert; eine Art, die heute häufig in Irland zu sehen ist ⇨ unterstützt These, dass irische Einwanderer die Insel ursprünglich besiedelten
- Neben diesem Kreuz existiert nur noch ein weiteres Steinkreuz auf Islay
- Auf der Ostseite sind biblische Bilder in Stein gehauen
- Steinbilder der Westseite zum Teil stark verwittert
- Ruine der Kildalton Church mit alten Grabplatten
- Eintritt frei und zu jeder Zeit

oben: Whisky Bar im The Scotch Whisky Experience Museum
unten: Kilchoman Distillery, Lagerhaus

oben: Laphroaig Distillery in Abenddämmerung
unten: Lagavulin Distillery vom Dunyveg Castle fotografiert

oben: Ardbeg Distillery, Gerätschaften
unten: Bowmore Distillery, Loch Indaal

oben: Bruichladdich Distillery, Mash Tun
unten: Bruichladdich, von Jim McEwan signierter Tasting Pack

oben: Blick nach Port Ellen von der Kilnaughton Bay
unten: Port Charlotte am Loch Indaal

oben: Finlaggan mit Blick auf die Jura Berge
unten: Beinn Bheigier, Islay Gebirge, vom Kildalton Cross

Prüdes Bowmore (Bogh Mòr)

Folgt man der A846 von Port Ellen in nördliche Richtung erreicht man nach etwa 5 Meilen den regionalen Flugplatz. Er ist linkerhand gelegen und besitzt sogar 2 Landebahnen. Das ist relativ erstaunlich, wenn man die Gesamtgröße betrachtet und einen Vergleich zu ähnlichartigen Flugplätzen in Deutschland zieht.

Von hier muss man noch einmal ungefähr 5 Meilen fahren, um nach Bowmore zu gelangen. Eins der ersten Gebäude, die man passiert, ist die Rundkirche. Von dieser führt die Hauptstraße herunter zum Meer, um dann, kurz bevor es feucht werden könnte, an einer Kreuzung scharf rechts abzubiegen. Auf diesem kurzen Stück spielt das Leben in Islays Hauptstadt ab. Ja, Sie haben richtig gelesen: Bogh Mòr ist der Dreh- und Angelpunkt der Insel. An der Straßenkreuzung befindet sich ein rechteckiger Platz, dessen eine Seite von der Royal Bank of Scotland und die direkt anschließende Gerade von der Tourist Information begrenzt werden. Viel los ist auf dem Donald Castle Square nicht, als Treffpunkt für die Dorfjugend, die nach der Schule relaxt, eignet er sich allemal. Direkt gegenüber der Abhängzone sorgt ein gut bestückter Co-op-Markt für Nachschub an Trink- und Essbarem. Der Supermarkt ist der größte seiner Art auf der ganzen Insel. Was man hier nicht findet, sucht man woanders fast vergeblich. Nur im Tiefkühlbereich muss man einige Abstriche machen, da hat einer der beiden Spar Shops in Bridgend eine noch bessere Auswahl. An der Ecke des Marktplatzes befindet sich ein Geschäft, das neben Schmuck und Kleidung ein großes Angebot an regionaler Literatur bietet. Als nächstes folgt der Bowmore Spar Shop. Im Vergleich zu den bisher besuchten und genannten Shops, lohnt es sich nicht, diesen betont hervorzuheben. Zwar ist er etwas übersichtlicher aufgebaut als sein „Bruder" in Port Ellen, dafür schnitt dieser wiederum beim Preisvergleich im regionalen Whiskysortiment besser ab. Und notfalls wird man sowieso auf die beiden Co-op-Märkte zurückgreifen, da man dort durch flexiblere Öffnungszeiten den Tag stressfreier einteilen kann.

Folgt man der Straße weiter vom Ortskern weg, erreicht man das Lochside Hotel. In dessen Restaurant kann man zu normalen Preisen zu Mittag speisen und den Blick in der übrigen Zeit über das Loch Indaal schweifen lassen. Wer ausländische Küche bevorzugt, der findet auf der gegenüberliegenden Straßenseite den zweiten Inder – Taj Mahal – auf der Insel. Eine Alternative für fremdländische Genüsse in Form von Italienern, Griechen oder Chinesen gibt es nicht. In diesem Fall muss man sich auf die im Tiefkühlfach liegende Ware der Märkte einlassen. Kurz vor Ausgang des Ortes versorgt die Bank of Scotland ihre Kunden bzw. Geldbedürftige mit den nötigen Scheinchen. Beide in Bowmore ansässige Banken verfügen über jeweils einen Geldautomat, der es gestattet, auch außerhalb der gängigen Geschäftszeiten seine Brieftasche aufzufüllen.

Ein paar Schritte vom Donald Castle Square zum Meer und man erreicht ein sehr gelobtes Fischrestaurant. Auch die Angestellte in dem Tourismusbüro empfahl uns diese Einkehrstätte. Allerdings wusste sie nicht um unsere finanziellen Möglichkeiten, denn beim Blick an der außen hängenden Menükarte, mussten wir das Lokal von unserer Seite ablehnen. Um die 25-30 GBP für ein Gericht ist auch für eine spendablere Urlaubszeit eine große Investition. Außerdem ließ es sich in dem Bäcker nebenan für sehr viel weniger Geld genauso gut schmecken.

Doch Bogh Mòr ist nicht nur zum Einkaufen und Essen da, sondern hat noch mehr zu bieten. An erster Stelle sei dabei die Bowmore Distillery zu nennen. Gerade einmal ein paar Meter trennen den Marktplatz vom Produktionskomplex. Wer also sein Fahrzeug schon im Ort selbst abstellen konnte, braucht es jetzt nicht zu holen, um es dann auf dem Besucherparkplatz abzustellen. Wohin man seine Schritte zu richten hat, wird durch die große Überschrift am Eingang erleichtert. An einem Desk im Inneren der Empfangshalle darf man sich anmelden und danach auf den Start der Tour warten. Wer des Wartens zu überdrüssig wird, bekommt die Gelegenheit, sich schon im Vorfeld der Führung mit den Shop-Angeboten anzufreunden. Bowmore ist die zweite Distillery –

neben Laphroaig – die die Herstellung ihres Whiskys vom Anfeuchten des ersten Gerstenkorns bis zur Reife im Fass betreibt. Im Malting Floor erhält der Besucher die Möglichkeit sich von der anstrengenden Arbeit der Floor Mitarbeiter zu überzeugen. Per rechenartigem Gerät wird das keimende Gut in regelmäßigen Abständen gewendet. Wer es sich zutraut, darf sogar selbst Hand anlegen und eine Bahn bearbeiten. Im Anschluss an den teils schweißtreibenden Akt gibt es Lob oder Verbesserungsratschläge. Vom Wirken des Malting Process kann sich jeder Tourteilnehmer selbst überzeugen, indem man die Hände in die keimende Gerstenmasse eintaucht und eventuell einige Körner aufnimmt. Nachdem jeder einen Einblick in den Keimungsprozess nehmen konnte, geht die Gruppe zu den Mash Tuns. Besonders interessant fand ich die Tatsache, dass jeder einzelne Fermentierungsbottich einem Besitzer der Brennerei gewidmet ist. Da bekommt man als Außenstehender die Chance noch etwas Distillery-Geschichte mitzunehmen. Ein weiteres Highlight ist der Besuch bei den Schätzen der Destille, wo ganz besondere Fässer liegen. Im Anschluss an die Tour wird man in eine Bar oberhalb der Empfangshalle geführt, in der man den 12 jährigen verkosten darf. Hier lässt sich auch noch einmal alles Wichtige an einem Zeitstrahl ablesen. Wer durch den kleinen Dram auf den Geschmack von Bowmore gekommen ist, der kann an der Bar weitere Kostproben von Bowmore Whiskys erwerben. Die Brennerei bietet ein sehr breites Sortiment des Malzbrandes an, um die verschiedenen Geschmäcker der Konsumenten abzudecken. Beim Personal sagt man daher untereinander: ,Wer keinen Bowmore für seinen Geschmack findet, der braucht keinen anderen Whisky zu versuchen.' Ein hohes Ziel. Wird es auch Ihnen gerecht?

Im Shop der Brennerei kann man vorwiegend die Getränke der Distillery und ihrer Partner erwerben. Besonders hervorheben möchte ich an dieser Stelle, dass man hier dem Kaufinteressenten ein sehr gutes Angebot von Miniaturen bietet. Darunter sind auch Exemplare, die man bei uns nicht erhält, weil diese nicht nach Deutschland exportiert werden. Solche

Raritäten werden dann über Ebay zu einem erhöhten Preis angeboten.

Nach so vielen geistigen Genüssen möchte man gern etwas ausspannen. Vor allem, wenn man an einem Tag unterwegs ist, der etwas kühler und rauer ist. Direkt neben der Bowmore Distillery befindet sich das MacTaggart Leisure Centre. Das klingt ziemlich groß und wuchtig, kann den Erwartungen aber kaum entsprechen. Wo einst Whisky in Fässern vor sich hinreifte, kann heute der Mensch im Wasser planschen oder in der Sauna schwitzen. Bis hierhin ist alles so, wie man sich einen schönen Nachmittag zum Relaxen vorstellt. Ein paar Bahnen in dem relativ kleinen Becken schwimmen, ab und zu ein Besuch in der Finnischen und Ruhe. Auf Islay funktioniert das anders. Gegen das Schwimmen von Bahnen gibt es keine Einwände, solange es nicht irgendwelche Kurse stört. Leider behindern die Kurse das Schwimmvergnügen, denn außerhalb des Bassins ist es ziemlich trocken. Okay, man kann ja in der Zwischenzeit der Sauna einen Besuch abstatten. Dass man hier nicht mit einer großen Vielfalt rechnen darf, ist irgendwie verständlich. Doch dass es nur einen Saunaraum gibt, ist relativ spartanisch. Die finnische Sauna ist dann noch bei Benutzung durch zwei Personen, wegen Überfüllung geschlossen. Ruheraum? Fehlanzeige! Es gibt noch einen zweiten Umkleideraum, in dem ein Hocker steht. Auf den kann sich die dritte Person setzen und warten. Das nächste Unverständnis bringt der Hinweis neben der Saunatür. Man darf sich für die Nutzung nicht ausziehen. Das war für uns völlig neu, und da wir die einzigen Saunagäste waren, ignorierten wir das Schild großzügiger weise. Nun lässt es sich in einer Sauna einige Zeit aushalten, doch irgendwann ist Schluss. Wohin nun? Den Gang in die Schwimmhalle verwehrte man uns, obwohl wir in der Zwischenzeit unsere Badeklamotten angezogen hatten. Nein, wir durften die ganze Zeit in dem ca. 4 Quadratmeter großen Vorraum der Saunakabine verbringen. Stehend. Irgendwann war der Kurs für die Kinder beendet, das hieß, berechtigte Hoffnung auf Normalität!? Nein, weit gefehlt, denn jetzt hatten die 13-15 Jährigen ihren Schwimmkurs. Wir waren weiter im Saunabereich eingesperrt, den Swimmingpool durfte man aus der Ferne betrachten. Irgendwann reißt der letzte Geduldsfaden, das hieß, wir wollten gehen. Unsere Sachen waren in der Gemeinschaftsumkleidekabine. Dorthin durften wir gehen, jedoch nur, wenn man die Schwimmhalle meidet – also außen herum. Duschen gestattete man uns ebenfalls nicht. Dass man kleinen Kindern detaillierte Einzelheiten des menschlichen Körpers vorenthält, ist ja verständlich. Doch ein zu prüdes Verhalten gegenüber den nahezu Erwachsenen hilft weder diesen, noch respektiert es ehrbare Touristen, die schließlich auch für den Lebenserhalt der Einrichtungen sorgen. Im Übrigen sei angemerkt, dass sich die Jugend – ich schätze die Clique auf 11-13 Jahre – in öffentlichen Internetcafés, während sie sich unbeobachtet fühlt, Sexfilmchen ansieht, bei denen selbst unsereins rot werden würde.

Fazit zum Leisure Centre: Erholung? Nein! Vergnügen? Nein! Zu empfehlen? Wer etwas anderes sucht als Schwimmspaß und Entspannung, der mag Gefallen an der Einrichtung finden. Den anderen kann man nur abraten. Das Geld des Touristen sieht man gerne, doch ein Gefühl von Zuhause verwehrt man ihm.

Wohin in Bowmore

1. Bowmore Distillery

Morrison Bowmore Distillers Ltd.

Springburn Bond	Tel: +44 (0)141 558 9011
Carlisle Street	Fax: +44 (0)141 558 9010
Glasgow, G21 1EQ	www.bowmore.co.uk
Scotland	info@morrisonbowmore.co.uk

- Lage: sehr zentrumsnah
- Kostenfreier Besucherparkplatz
- Geöffnet Mo-Sa 09-17 Uhr, in Wintermonaten: Mo-Fr 09-17 Uhr, Sa 09-12 Uhr
- Touren: Mo-Sa jeweils um 10, 11, 14 und 15 Uhr; Anmeldung empfohlen, in Wintermonaten Samstagstour nur um 10 Uhr
- Tourbeitrag: 4 £, beinhaltet Dram; wird beim Kauf einer 70cl Flasche angerechnet
- Besichtigung: Malting Floor – Fasslagerung
- Highlights: Besucher kann in den Malting Floors selbst tätig werden
- Dram: 12 jähriger Bowmore, weitere Kostproben in der Bar käuflich
- Shop: vorwiegend Whiskys aus der Bandbreite von Bowmore und der Partnerbrennereien, großes Angebot an Bowmore-Miniaturen, DVD mit Untertiteln von der Tour
- Special: Craftsman's Tour für 22 £ (Anmeldung erforderlich)
- 5 Cottages: The Old Bakery, Distillery House, Garden Cottage, Maltman's Cottage, Masman's Cottage

2. Post Office

Main Street, Bowmore
Isle Of Islay, PA43 7JH

3. Bank of Scotland

Shore St, Bowmore,
Isle Of Islay, PA43 7LB

- Lage: ca. 300m vom Square entfernt
- Geldautomat
- Für Fans der Firth of Forth Rail Bridge: die 20 £-Note besitzt dieses Motiv

4. Royal Bank of Scotland

Main St, Bowmore,
Isle Of Islay, PA43 7JJ

- *Direkt im Zentrum, neben Tourist Information*
- *Geldautomat*

5. Tourist Information

The Square, Bowmore
Isle of Islay   *Tel: +44 (0)1496 810 254*
PA43 7JP
Scotland

Öffnungszeiten:
- *01. April – 25. Juni:*   *Mo-Sa 10-17 Uhr, So 14-17Uhr*
- *26. Juni – 27. August:*   *Mo-Sa 09:30-17:30 Uhr, So 14-17 Uhr*
- *28. August – 29. Oktober:* *Mo-Sa 10-17 Uhr*
- *30. Oktober – 31. März:*   *an 5 Tagen: 10-15 Uhr*

6. Co-op-Markt

Main Street, Bowmore,
Isle Of Islay, PA43 7JN

- *Größter Supermarkt auf Islay*
- *Täglich frische Ware*
- *An 7 Tagen in der Woche geöffnet: Mo-Fr: 08-20 Uhr, Sa/So etwas*
  kürzer

7. Spar Shop

Shore Street, Bowmore
Isle Of Islay, PA43 7LF

- *Übersichtliche Ladenaufteilung*
- *Öffnungszeiten wie Spar Shop Port Ellen*

8. The Celtic House

Shore St,   *Tel: +44 (0)1496 810 304*
Bowmore   *www.islayjewellery.co.uk*
Isle of Islay   *shop@theceltichouse.co.uk*

9. Taj Mahal

Shore St, Bowmore
Isle of Islay

- Indisches Restaurant
- Take-away Möglichkeit

10. Harbour Inn Hotel

The Harbour Inn and Restaurant
Bowmore, Isle of Islay   Tel: +44 (0)1496 810330
Argyll   Fax: +44 (0)1496 810990
Scotland   www.harbour-inn.com
PA43 7JR   info@harbour-inn.com

11. Lochside Hotel

Shore St,   Tel: +44 (0)1496 810244
Bowmore   Fax: +44 (0)1496 810390
Isle of Islay   www.lochsidehotel.co.uk
    bookings@lochsidehotel.co.uk

12. Bowmore Hotel

Jamieson street   Tel: +44 (0)1496 810 416
Bowmore,   Fax: +44 (0)1496 810 110
Isle Of Isle   www.bowmorehotel.co.uk
    reception@bowmorehotel.co.uk

13. The Round Church, Bowmore

Parish of Kilarrow
Minister
The Manse, Bowmore,   Tel: +44 (0)1496 810271
Isle of Islay,   theminister@theroundchurch.org.uk
PA43 7LH

14. MacTaggart Leisure Centre

School Street, Bowmore   Tel: +44 (0)1496 810767
Isle of Islay, Argyll,   Fax: +44 (0)1496 810924
PA43 7JS   mlc@macunlimited.net

- Stark eingeschränkte Nutzung für Touristen
- Wasser kann Augen reizen
- 1 finnische 2-Personen-Sauna, nur mit Badekleidung betreten
- kein Ruhebereich oder sonstige Liegezone
- Saunabereich kann bei Kursen in der Schwimmhalle nicht verlassen werden.
- Fitnessclub und Sonnenkabine (stehend) im Obergeschoss, nicht im Saunatarif enthalten

15. D & N MacKenzie (Autovermietung)

John MacKenzie,   Tel.: +44 (0)1496 302 300
Glenegedale,   Fax: +44 (0)1496 302 324
Isle of Islay   www.carhireonislay.co.uk

- Lage: Direkt am Airport von Islay, auf halber Strecke zwischen Port Ellen und Bowmore an der A846 gelegen

Experimente bei Bruichladdich

Ungefähr 5 Kilometer liegen die beiden Distilleries von Bowmore und Bruichladdich auseinander. Bei gutem Wetter kann man sogar die eine von der anderen aus sehen. Doch wie im berühmten Lied von den beiden Königskindern, der direkte Weg ist unmöglich. Na ja, fast, denn wenn man ein Boot hat, kann man die 5 Kilometer über das Loch Indaal schippern. Für den Rest bleibt der ungleich längere Weg um die Bucht herum. Von Bogh Mòr folgt man der A846 bis nach Bridgend. Im Innern des Ortes führt die Straße über eine schlecht einzusehende Kuppe und durch lang gestreckte Kurven. Es wird geboten, die Geschwindigkeit auf 20 MPH zu drosseln. Das ist auch ratsam, da man sonst den Abzweig im Zentrum verpassen könnte. Die A847 führt immer an der Küste entlang bis nach Portnahaven. Ganz soweit braucht man nicht zu fahren, aber bis Bruichladdich sind es noch ungefähr 10 Kilometer. Auch wenn die Straße ähnlich gut wie die A846 ausgebaut ist, sollte man stets ein wachsames Auge auf die am Straßenrand grasenden Kühe werfen. Vor allen Dingen dann, wenn die zum Teil gefleckten Viecher auf der einen Seite stehen, die Tränke sich jedoch auf der anderen Seite befindet.

Im Gegensatz zu anderen Destillen, mit denen man schon in Kontakt gekommen ist, muss man sein Fahrzeug durch die enge Einfahrt auf den Hof navigieren. Genau dahin, wo schon Lieferwagen und Brennereiautos stehen. Einen Extraparkplatz benötigt man nicht. Auch sonst ist die Distillery ganz anders aufgebaut, als man das in Islays Süden oder bei Bowmore kennen lernen durfte. Mehr wie ein Bauernhof, bei dem jede Seite einen Teil der Produktion übernimmt. Was draußen seinen Anfang nahm, wird drinnen verstärkt. Nein, natürlich kann es bei der Herstellung von Whisky keine extrem unterschiedliche Verfahren geben, doch bei Laddie – so der Name für Freunde – versucht man die Grenzen der Nuancen bis ins Äußerste zu verschieben. Für Standards gibt es genügend Brennereien, auf der Insel wie auf dem Festland. Laddie will sich absetzen, unkonventionell, experimentierfreudig sein. In

Zukunft soll man den Brand der Destille nicht auf allgemein-gültige Aussagen beschränken können. Das ist die Philo-sophie, die die Eigentümer am Ende des letzten Jahrhunderts bewog, die teilweise zerfallene Brennerei wieder zum Leben zu erwecken. Und das ist sicherlich auch einer der Gründe, warum der Ileach schlechthin – Jim McEwan – als Koryphäe mit ins Boot stieg.

Eingangs schilderte ich, dass die beiden Destillen Bowmore und Laddie wie die Königskinder nicht zusammenkommen können. Einer hat es geschafft: Jim. Auf Islay geboren, war er jahrelang Distillery Manager bei Bowmore. Doch ein Manager ist nur so lange frei wie es die oberen Herren der Dachgesell-schaften zulassen. Bei Laddie bekommt er als Produktion Director die Gelegenheit seine Freiheit in Whisky zu verwan-deln. Und so entstehen Experimente, die von Leichtgewichten über irisch-schottische Vermählungen bis zum torfigsten Malz-brand der Welt reichen. Der erste Octomore, so der Name, hatte ein Torfgehalt um die 80 ppm. Mit der zweiten Edition werden sogar 131 ppm erreicht. Nur so zum Vergleich: Ardbeg und Laphroaig besitzen ca. 55-60 ppm.

Das Finishing in Fässern verschiedener Lagerspirituosen ist in der letzten Zeit stark in Mode gekommen. Eine der bekann-testen Brennereien, die diese Vorgehensweise auf den Markt brachte, ist Glenmorangie. Port, Madeira, Rum – jedes Fass eignet sich scheinbar, um dem fast ausgereiften Whisky noch eine Wendung zu geben. Bei Laddie ging man einen Schritt weiter. Man befüllte ein noch nicht ganz leeres Fass Bordeaux mit Whisky und ließ es weiter reifen. Das Ergebnis konnten wir bei unserem Besuch in der Destille selbst abfüllen. The Va-linch nennt das die Distillery. Natürlich muss man für diesen Luxus ein kleines Entgelt berappen, dafür erhält man aber auch ein einmaliges Souvenir, das so niemals auf dem Markt erscheinen wird. Denn The Valinch – eine 50cl Flasche – be-kommt nur der, der bei der Abfüllung wirklich selbst Hand anlegte. Ein sonstiger Verkauf bzw. Versand der Flasche ist ausgeschlossen.

Doch wenden wir uns der Tour zu. Ähnlich wie der größte Teil der Islay Distilleries beginnt der Herstellungsprozess bei

Laddie mit dem Mahlen des Malzes, welches komplett vom Festland geliefert wird. Aber schon taucht der nächste Unterschied zu den sonstigen Whiskyproduzenten Islays auf. Statt auf die bewährte Technik der englischen Mühle aus Leeds zu setzen, mahlt man die Körner in einer Holzmühle aus dem Jahr 1913. Noch ein wenig älter ist die Waage – im Jahr 1881 hergestellt. Der im Prozess Kundige weiß, dass der Grist irgendwann gemaischt werden muss. Und zwar in so genannten Mash Tuns. Das sind große, geschlossene Behälter, in denen die Masse – primitiv ausgedrückt – umgerührt wird. Bei Laddie hat man den Eindruck, dass irgendetwas vergessen wurde. Die Tun ist oben offen. Man könnte sogar hineingreifen, während man das krakenartige Rührgerät beobachtet. Mash Tuns dieser Art sind sehr selten; gerade einmal 3 Stück existieren noch in Schottland und eine steht hier bei Bruichladdich. Die nächste Besonderheit erwartet den Besucher im Still House. Zwei Alkoholtresore für 4 Brennblasen. In anderen Brennereien muss ein Tresor für bis zu 7 Blasen reichen. Und wer das Ambiente zwischen den Schwanenhälsen mag, darf hier auch heiraten, wie es einen Tag nach unserem Besuch geschehen sollte. Es schienen Deutsche zu sein, da der Rolls Royce des Brautpaares von Audis Frankfurter Kennzeichen begleitet wurde.

Die nächste Station der Tour ist die Fassabfüllung und letztlich wirft man noch einen Blick in Bottling Halle. Auch da geht man bei Laddie andere Wege, denn hier ist die einzige Möglichkeit, das auf Islay zu betrachten. Am Ende der Tour gibt es den obligatorischen Dram, an den sich jedoch weitere anschließen können. In unserem Fall gab es zunächst einen Rock, danach den Waves und eine Kostprobe des Wein-Whisky-Experiments.

Nach so vielen Eindrücken in die Versuchswelt der Laddie-Mitarbeiter – im gesamten beschäftigt die Distillery 47 Menschen, von denen sogar 5 behindert sind – ist man froh, seine Beine unter dem Holztisch zu strecken oder auf einer gemütlichen Couch Platz auszuruhen. Doch Vorsicht. Beobachtungsgefahr! Bei allem, was Sie in der Brennerei machen, könnten Sie vielleicht sogar durch Ihre Angehörigen entdeckt werden. Denn die gesamte Destille ist mit WebCams gespickt. Ein Zeichen von Respekt an alle Laddie-Freunde in der Welt, da nicht jeder die Möglichkeit hat, vorbeizukommen. Daher soll jeder Genießer von Bruichladdich sehen können, wie sein Whisky hergestellt wird. Was den einen freut, bereitet anderen Unbehagen. Nicht nur Fans des goldenen Brandes schauten genau hin, sondern auch der amerikanische Geheimdienst. Deckname Ursula. Vermutete man doch die Produktion chemischer Waffen, die in terroristischen Akten gegen das amerikanische Volk eingesetzt werden könnten. Auf Islay? Waffen? Und deren Produktion? Okay, zuviel Genuss von Whisky kann das Gehirn vernebeln, vor allem wenn man zu intensiv von dem Hauch auf Islay einatmet. Das daran aber eine ganze Nation Schaden nehmen könnte, war nach kurzer Zeit auch für Ursula nicht plausible genug, um den Herstellungsprozess weiter zu verfolgen. Für weitere Werbung brauchte die Distillery nicht mehr zu sorgen und konnte ihre ganze Energie in Experimente stecken. In Anlehnung an diese Begebenheit kreierten die Bruichladdich Verantwortlichen den Big Brother.

Für die Zukunft plant das Brennerei Management ebenfalls großes. Nachdem die Wiederbelebung von Bruichladdich so eindrucksvoll gelungen ist, dass man sogar einige Preise in der Fachwelt abräumen konnte, möchte man gleiches mit Port Charlotte versuchen. Dieses Vorhaben wird allerdings etwas schwieriger, da die ehemaligen Gebäude der einstigen Distillery von anderen Einrichtungen genutzt werden. Doch nicht weit davon entfernt lagert der erste Whisky, der zwar bei Laddie destilliert wurde, nun aber die Luft von Port Charlotte atmen darf.

Im Laddie-Shop kann der Besucher verschiedene Flaschen aus dem Programm der Brennerei erwerben. Auch einige Miniaturen sind erhältlich, entweder als Einzelflaschen oder in zusammengestellten Sets. Einzigartig kann der Kaufwillige sein Objekt der Begierde machen, indem er es vom Jim McEwan signieren lässt. Einfach nur fragen und es findet sich schon ein Weg, die Unterschrift auf die Flasche zu zaubern. Für diejenigen, die sich mit einer Flasche nicht zufrieden geben können, besteht die Chance, ein ganzes Fass inklusive

Inhalts zu kaufen. Im Preis sind der Brand, die Lagermiete und die Versicherung für 10 Jahre eingeschlossen. Jedes weitere Jahr länger kostet 20 GBP. Das einzige, das heute noch nicht bemessen werden kann, ist die fällige Alkoholsteuer, wenn der Whisky die Destille verlässt. Als Nachweis des Erwerbs erhält man eine Urkunde und man kann jederzeit sein Fass besuchen, eventuell sich sogar mit ihm ablichten lassen.

In einer Ecke des Shops befindet sich die Textilabteilung. Polos, T-Shirts, Sweater, ob Männlein oder Weiblein – für jeden die Chance, den Bruichladdich Schriftzug demonstrativ zur Schau zu tragen. Wer mit dieser Art von Werbung eher nichts anfangen kann, darf aus Büchern und CDs wählen.

Im Ort gibt es noch einen kleinen Laden, in dem man auch einen schnellen Imbiss findet. Folgt man der A847 in Richtung Port Charlotte erreicht man auf der linken Seite einen Schuppen, der ein Atelier beheimatet. Besucher sind herzlich willkommen. Nur am Mittwoch könnte man vor verschlossener Tür stehen bleiben. Auf dem Rückweg zur Destille lohnt es sich an der Brennerei vorbeizugehen. Nur ein paar Meter neben der Hofeinfahrt steht das Wahrzeichen der Distillery. Eine große Brennblase mit einem Süchtigen, der am liebsten in Blase kriechen würde. Seine Füße schauen aus dem Schwanenhals noch heraus. Im Vordergrund wurden Fässer platziert, die jeweils einen Buchstaben des Namens auf dem Deckel stehen haben.

Bruichladdich Steckbrief

Bruichladdich Distillery,   Tel: +44 (0)1496 850 190
Bruichladdich,   Fax: +44 (0)1496 850 919
Isle of Islay,   www.bruichladdich.com
Scotland, PA49 7UN   mary@bruichladdich.com

- *Lage: ca. 15 km (Straße; Luftlinie etwa 5 km) von Bowmore entfernt; direkt an der Hauptstraße A846 Richtung Portnahaven*
- *Kostenfreier Parkplatz im Hof der Destille*
- *Touren: Mo-Fr 10:30, 11:30 und 14:30 Uhr, Sa außer 11:30 Uhr (Anmeldung wird empfohlen), Dauer etwa 45-60 Minuten*
- *Eintritt: 5 £ inkl. Kostprobe, wird beim Kauf einer 70cl Flasche angerechnet*
- *Tourbereiche: Mahlen des Malzes – Flaschenabfüllung*
- *Shop*
  - *Öffnungszeiten: Mo-Fr 09-17 Uhr, Sa 10-16 Uhr, im Internet unter www.laddieshop.com*
  - *Großes Angebot im Whiskysortiment, auch einige verschiedene Miniaturen sind einzeln bzw. im Set erhältlich*
  - *Auch Flaschen vom unabhängigen Abfüller Murray McDavid erhältlich*
  - *Flaschen werden auf Anfrage signiert*
  - *Verschiedene T-Shirts, Sweatshirts, Polos, Jacken*
  - *Einige Bücher und CDs*
  - *Eigene Abfüllung des Valinch durchführbar (nur vor Ort, kein Versand)*
  - *Erwerb eines vollen Fasses + 10 jährige Lagerdauer möglich*
- *Highlights: sehr alte Mühle, offene Mash Tun, 2 Spirit Safes, Webcams, experimentierfreudige Kreationen*
- *Sonstiges: Still House kann für Hochzeit gemietet werden; Port Charlotte Distillery soll 2009 unter Regie von Laddie eröffnet werden*
- *Special: Whisky Academy, Infos unter ella@bruichladdich.com bzw. Tel.: +44 (0)1496 850 221 / Fax: +44 (0)1496 850 477*
- *Mehrere Auszeichnungen von 'Whisky Magazine', 'Malt Advocate', unter anderem: Distillery Of The Year (2001, 2003), Innovator Of The Year 2004, Persönlichkeit des Jahres 2004 (Jim McEwan), Distiller Of The Year 2002 (Jim McEwan)*

Port Charlotte / Port Sgioba

Nur ein paar Meilen sind es von Bruichladdich nach Port Charlotte. Die Hoffnung, mal wieder in einen größeren Ort zu gelangen, wird schnell zerstört. Es gibt zwar hier einen Spar Shop, ein Hotel und eine Jugendherberge, aber dass hier der Bär steppt, lässt sich nicht behaupten. Dafür kann man sich hier bilden.

Die erste Möglichkeit erhält man in der kleinen Kirche in der Nähe des Ortseingangs. Hier hat das Islay Life Museum seine Stelle bezogen. In der winzigen Halle wird vom Leben auf Islay berichtet und ausgestellt, was auf der gesamten Insel gefunden und zusammengetragen wurde.

Wem dies an Bildung noch nicht ausreicht, kann das Wild Life Centre besuchen. Es befindet sich direkt neben der Jugendherberge im ehemaligen Lagerhaus der Port Charlotte Distillery. Hier erhält der Besucher Informationen zu den Pflanzen und Tieren, die auf den Inneren Hebriden ihr Dasein fristen. Im Weiteren erhält man Auskunft zu den beiden RSPB-Vogelreservaten im Norden und Süden des Eilands.

Doch nicht jeder ist auf zusätzliches Wissen in Flora und Fauna oder sonstigem Leben aus, wenn er seinen Fuß in den Ort setzt. Manchmal reicht es einfach nur aus, an der Straße entlang zu schlendern, um sich frei zu fühlen. Nach etwa einem halben Kilometer in westlicher Richtung gelangt man an einen Fußballplatz. Von der einen Seite wurde er aufgeschüttet, von der anderen etwas herabgesenkt, um eine halbwegs waagerechte Fläche zu erhalten. Ein Netz, das den Ball bei Flanken in Richtung Meer abfängt, gibt es nicht. Aber Reiz versprüht die Sportstätte schon. Ist das Spiel mal gar so langweilig, kann man auf das Wasser des Loch Indaal schauen und träumen.

In der Mitte des Ortes biegt eine kleine Straße in nördlicher Richtung ab. Wer Islay mittels Fähre besuchen kommt, hat sicherlich schon eine Anzeige der Tormisdale Farm gelesen. Man kann dort selbst gemachte Pullover, Mützen oder Knöpfe aus Schafswolle bzw. –horn kaufen. Aber auch Dinge des täglichen Bedarfs wie Eier, Marmelade und Honig sind erhältlich.

In der Werbung stand Port Charlotte bzw. in der Nähe, jedoch nicht genau, wo nun eigentlich. Im Wild Life Centre vermutete die anwesende Frau, dass man die kleine Straße nach Norden fahren sollte. Folgt man dem Fahrweg, denn mehr ist es beim besten Willen nicht, erreicht man nach knapp 8 Kilometern und immensen Durchhaltevermögens, nicht schon wieder umdrehen zu wollen, die Zufahrt zur Tormisdale Farm. Diese ist eine fahrzeugbreite Schotterpiste, auf der man nicht schneller als 5 MPH fahren darf und auch sollte. Der Hof ist entgegen der Erwartungen relativ groß, das Fahrzeug findet Platz. Im Innern der Farm geht man zunächst durch eine Art Werkstatt bevor man in den Verkaufsraum gelangt. Hier wird auf relativ kleiner Fläche die gesamte Ware angeboten. Doch eines kann ich garantieren, das alles ist wirklich per Handarbeit selbst gefertigt wurden. In Touristenshops müssen Sie ein Heidengeld für echte Schafswollkleidung von Islay hinlegen, hier bekommen Sie es mit Liebe und Herzlichkeit. Und seien Sie versichert, Sie sind der König.

Einige Adressen in und um Port Charlotte

1. Spar Shop mit Post und Tankstelle

- Lage: in der Ortsmitte, ca. 200 Meter vom Hotel in Richtung Portnahaven laufen

2. Museum of Islay Life

Port Charlotte,   Tel./Fax: +44 (0)1496 850 358
Isle of Islay,   www.islaymuseum.org
PA48 7UA

- Lage: Am Ortseingang von Port Charlotte, aus Bruichladdich kommend, in der kleinen Kirche auf der rechten Seite
- Parkplatz an der Hauptstraße vor The Croft Kitchen
- Täglich geöffnet von April bis Oktober
- Eintritt: Erwachsene 3 £, Kinder 1 £, Familie (2 Erw. + Kinder) 6 £

3. Natural History Centre

Port Charlotte	Tel./Fax: +44 (0)1496 850 288
Isle of Islay	www.islaynaturalhistory.org
PA48 7TX	inht@islaywildlife.freeserve.co.uk

- Lage: neben der Jugendherberge im Gebäude der ehemaligen Port Charlotte Distillery
- Geöffnet: Mo-Fr 10-16 Uhr, Sa (Juni-August) 10-16 Uhr
- Kostenpflichtiger Eintritt

4. The Croft Kitchen (Restaurant)

Port Charlotte	Tel./Fax: +44 (0)1496 850 230
Isle of Islay	
PA48 7UD	

- Lage: Nahe des Ortseingangs aus Bruichladdich kommend; auf der linken Seite
- Hauptgerichte, Kaffee, Scones
- Wunderbarer Blick über das Loch Indaal

5. Port Charlotte Islay Hostel

Port Charlotte,	Tel.: +44 (0)1496 850 385
Isle of Islay,	
Argyll,	
PA48 7TX	

- Lage: im Gebäude der ehemaligen Port Charlotte Distillery untergebracht,
- Islay Airport: ca. 16 Meilen
- Fähre-Port Askaig: ca. 16 Meilen, Fähre-Port Ellen: ca. 21 Meilen
- Mitte März – Ende Oktober
- Preise (nur ÜN): Erwachsene 13-15 £, Kinder 10-11 £
- 30 Betten: je 1 2-Bett-, 3-Bett- und 7-Bett-Raum, je 2 4-Bett- und 5-Bett-Räume
- Zentrale Buchung über Tel.: +44 (0)870 1 55 32 55 möglich
- Shop und Bushaltestelle in der Nähe
- Waschmaschine

6. Port Charlotte Hotel

Port Charlotte,
Isle of Islay,   Tel.: +44 (0)1496 850 360
Argyll   www.portcharlottehotel.co.uk
PA48 7TU   info@portcharlottehotel.co.uk

- Lage: in der Mitte des Ortes; auf der linken Seite aus Bruichladdich kommend
- Preise (ÜN und Frühstück): 85 – 150 £
- Gelobtes Restaurant mit Pub

7. Kilchiaran Farm

Kilchiaran,   Ansprechpartner: Cathy McLellan
by Port Charlotte   Tel.: +44 (0)1496 850248
Isle of Islay   www.ileach.co.uk/kilchiaran
PA48 7UB   kilchiaran@ileach.co.uk

- Modernisiertes Self Catering Cottage (bis 5 Erwachsene) auf einer Schafs- und Rinderfarm
- Ausstattung: 1 Raum mit Doppelbett, 1 Raum mit Einzelbett und Etagenbett; Lounge mit Farb-TV und Kamin (Torffeuer); Küche mit Herd, Ofen, Mikrowelle, (Tief-)Kühlschrank, Waschmaschine und geräumigen Essbereich; Bad mit Wanne, Dusche und WC; Garten auf der Rückseite des Cottage

8. Tormisdale Croft Crafts

Tormisdale Farm
Port Charlotte
Isle of Islay   Tel.: +44 (0)1496 860 239
Argyll
PA48 7UE

- Lage: ca. 5 Meilen von Port Charlotte entfernt; in der Mitte von Port Charlotte (etwa auf Höhe des Spar Shops) nach Norden abbiegen und dem Fahrweg folgen.
- Naturprodukte von Lebensmitteln bis Kleidung, alte Bücher, kleine Gebrauchsgegenstände, Souvenirs
- Sehr freundliche Menschen
- Auf Wunsch kann Kleidung kurzfristig angefertigt werden, wie z.B. eine Schafswollmütze für meinen Freund (innerhalb 1 Woche)

Farmwhisky

Ein gemütliches, kleines Anwesen inmitten der hügeligen Wiesen einer Insel. Weit ab von Verkehr, Stress und sonstiger Zivilisation. Ziemlich einsam, dafür unbegrenzte Freiheit. Und zum Spaß, irgendetwas brutzeln, basteln, hämmern oder fabrizieren. So mag das Leben aussehen, dass sich jeder schon einmal erträumt hat. Für die Zeit, wo es zu Ende gehen mag, aber der Gevatter sich Zeit lässt, die Sense zu schwingen. Mein Traum besteht darin, Whisky aus Spaß herzustellen. Nicht, um ihn zu verkaufen, und wenn doch jemand für den Tropfen bezahlen will, werde ich ihn nicht hindern. Ja, so sieht mein Traum für den Lebensabend aus.

Scheinbar bin ich nicht der einzige, den solche Gedanken in den langen Nächten heimsuchen. Im Nordwesten von Islay stieg eines Tages im Jahr 2005 leichter Rauch auf, der einen zarten Hauch von Whisky beinhaltete. Und die Englein fingen an zu tanzen an, denn sie wussten, ab nun können sie auch bei der Rockside Farm eine Brise des lagernden Alkohols nehmen.

Menschen sind keine Engel, obwohl sie es ab und zu behaupten. Statt die Flügel auszubreiten und ein, zwei Runden im Whiskydunst zu drehen, sind wir auf herkömmliche Fortbewegungsmittel angewiesen. Bei Kilchoman ganz besonders. Kein Bus fährt in die Nähe der Distillery, um Besucher abzusetzen und später wieder aufzunehmen. Wer ohne Fahrzeug ist, sollte also sehr guten Fußes sein. Etwa 7-8 Kilometer liegt die Farm von der Hauptstraße, und damit von der möglichen Bushaltestelle entfernt. Für den glücklichen Rest sei die Anfahrt von den beiden Fährhäfen Port Ellen und Port Askaig kurz beschrieben. Vom Süden kommend fährt man am besten auf der A846 durch Bowmore bis nach Bridgend. Es gibt noch eine zweite Möglichkeit, die die Inselhauptstadt im wahrsten Sinne des Wortes links liegen lässt, indem man statt der Hauptstraße die B8016 nutzt. Ungefähr einen halben Kilometer hinter den Port Ellen Maltings biegt die A-Straße scharf nach links ab, während die B-Straße geradeaus weiterführt. Sie wird relativ wenig befahren, da sie nur ein bisschen breiter als das Fahrzeug selbst ist. Bei Gegenverkehr braucht man dennoch nicht in Panik zu geraten, weil eine ganze Menge an Ausweichbuchten vorhanden ist. Falls also ein Fahrzeug auf Sie zufahren sollte, halten Sie am besten bei der nächsten Möglichkeit, wenn es Ihr Gegenüber nicht schon getan haben sollte. Doch fahren Sie nur in Buchten, die auf Ihrer Seite liegen. Anderenfalls halten Sie so an, dass das Gegenfahrzeug unter Ausnutzung seiner Ausweichstelle an Ihnen vorbei fahren kann. Das funktioniert hervorragend, nicht nur deshalb, weil die Ileach sehr höfliche Fahrer sind. Wenn Ihnen das gelegentliche Lückenspringen nichts ausmacht, können Sie so etwa 4 Kilometer sparen. Sind Sie stattdessen in Port Askaig aufs Land gefahren, nutzen Sie die A846 in Richtung Bowmore bis nach Bridgend. Egal von welcher Seite Sie sich dem Örtchen nähern, in der Ortsmitte müssen Sie auf die A847 in Richtung Portnahaven abbiegen. Dieser Straße folgen Sie die nächsten 7 Kilometer bis die B8018 nach rechts abzweigt. An der Kreuzung befindet sich auch ein erster Hinweis auf Kilchoman. Von nun an müssen Sie sich nur noch geradeaus halten, bis Sie ein Richtungsschild darauf aufmerksam macht, dass man beim Linksabbiegen die Kilchoman Distillery erreichen wird. Eine knifflige Stelle gibt es dennoch, wo man ans Zweifeln geraten könnte. Ungefähr nach 3 Kilometern auf diesem Fahrweg zweigt die B-Straße rechts ab. Fahren Sie dort unbedingt geradeaus, auch wenn sich die Befahreigenschaften des Belags verschlechtern sollten. Die letzten hundert Meter zur Farm besteht die Fahrbahn aus Kies und Schotter – da empfiehlt es sich wieder nur 5 MPH zu fahren.

Wer den etwas mühseligen Anfahrtsweg gemeistert hat, wird in einem unerwartet großen Visitor Centre willkommen geheißen. Shop, Anmeldung und Café sind in einem etwa 50 Meter langen Gebäude. Nun könnte man sich selig und moralisch auf eine beschauliche Tour vorbereiten. Vielleicht bei Kaffee und Kuchen. Die Privattour scheint sicher zu sein, wer sollte es denn noch wagen, die holprige Anfahrt überhaupt in Erwägung zu ziehen. Ein paar, wie sich herausstellt. Was neu ist, ist vielleicht auch interessant. Und was interessant ist, spricht sich herum. Vor allem in Deutschland, denn von den 15 Personen, die an der Führung teilnehmen, stammen 2 Drittel aus deutschen Landen. Bayern, Baden-Württemberg, Niedersachsen, Hessen, Sachsen und Thüringen. Einer kam aus Holland – ein bisschen Deutsch konnte der auch.

Kilchoman ist die dritte Distillery, die noch mit dem Malting beginnt. Im Vergleich zu Laphroaig oder Bowmore fällt der Malting Floor jedoch recht klein aus. Sieben Tonnen können hier nicht lagern, dafür aber 7 Tage. Damit haben wir eine neue Erkenntnis gewonnen: die Menge beeinflusst die Zeit nicht. Das ist wie beim Eierkochen, wenn ein Ei 5 Minuten kochen muss, brauchen 5 Eier nicht das Fünffache. Doch zurück zum Mälzen. Bei den großen Vertretern der Zunft, benötigt man ebenfalls 7 Tage. Als nächstes wird auf der Farm gemahlen, wie allgemein üblich auf dem englischen Modell. Danach schließen sich die bekannten Alkoholwerdungsvorgänge an, die in den kleinen Brennblasen ihren Höhepunkt finden. Zu guter Letzt wird dem Lagerhaus ein Besuch abgestattet, in dem man das erste befüllte Fass vom 14. Dezember 2005 begutachten und fotografieren darf. Eine Verkostung des edlen Inhalts ist nicht möglich, man schweigt sich sogar darüber aus, ob man es je zur Flaschenabfüllung kommen lässt. Die Frage stellt sich natürlich nur bei diesem einen, der Rest darf ruhig zum Konsumenten finden. Damit endet die Tour. Im Visitor Centre gibt es vorerst kein Whisky zum Verkosten, denn das Destillat darf sich so noch nicht nennen. New Spirit ist der Fachausdruck, und Geist hat der Tropfen: 50 ppm und satte 63,5% Alkohol. Wem dies dann doch etwas zu viel des Guten ist, und noch dazu eine richtige Whiskyflasche – MacBeatha 15 – in der Nähe steht, der darf gerne um einen kleinen Schluck bitten.

Mit dem MacBeatha geht die Rockside Farm auch neue Wege in Sachen Whiskygeschichte. Und zwar geht es dabei um die richtige Deutung der Begrifflichkeiten uisce beatha bzw. uisge beatha. Das irische uisce und schottische uisge wird als Wasser übersetzt, genauso wie es die Forscher vor ihnen taten. Der Unterschied zu den Publikationen liegt in der Bedeutung des Wortes beatha. Nicht Leben, und damit Lebenswasser, sondern mehr die Beziehung zum Clan der MacBeathas wird hier gesehen. Also in Folge dessen heißt die korrekte Übersetzung: Wasser der Beathas (als Kurzwort für MacBeatha). Eine schöne Hypothese, doch gibt es Beweise für die Existenz dieses Clans?! Ja, die gibt es. Der Clan hatte einst im Umfeld Kilchomans gelebt, welch Zufall. Der Bezug zu Irland wird auch berücksichtigt, schließlich waren es ja Iren, die Islay bevölkerten. Also können die den Whisky ruhig erfunden haben. Eines Tages war es dem Clan auf Islay zu eng, so dass er neue Gebiete zum Siedeln suchen musste. Heute würde man sagen, er musste expandieren. Nun waren aber die Menschen an den einzelnen Standorten nicht immer der gälischen Sprache mächtig bzw. stark unterschiedlichen Dialekten unterlegen, was zur Folge hatte, dass sich der Name im Laufe der Jahrhunderte veränderte. Besonders die Engländer, lehnten sie doch Schottisches Brauchtum in jeder Form ab, beteiligten sich mit Eifer daran und heraus kamen: Beaton, Beatton, Betton, Beaty, Betty, Beatie. Aber auch MacBeath, MacBeth, McBeith usw. Und hat nicht ein gewisser William Shakespeare von einem Macbeth geschrieben? Oder hat er sich die Story ausgedacht? Warum dann aber ausgerechnet Macbeth? Zufall? Es gibt jedoch noch andere historische Beweise für die Existenz des Clans. Und keine geringeren als in der Geschichte der schottischen Könige selbst. Die MacBeatha waren besonders bekannt, für ihre Kenntnisse im medizinischen Bereich. So soll ein gewisser Patrick MacBeth der Leibarzt von King Robert The Bruce gewesen sein. Und bis zum 18. Jahrhundert war es immer ein MacBeth oder Beaton, der das Wohl des jeweiligen schottischen Königs umsorgte. Vielleicht wurde ab und an ein Mensch mit dem Wasser der Beathas gerettet bzw. von Leiden befreit. Und weil Beatha auch Leben bedeutet, entstand der Begriff Lebenswasser, doch eigentlich ist es nur das magische Wasser des Clans.

Eine rührende Geschichte, aber irgendwo schon plausible. Welche Hypothese sich nun als wahr herausstellt, liegt wohl im Whiskydunst, der gen Himmel schwebt. Ihre Daseinsberechtigung haben sie dennoch. Sowohl die publizierte Form vom aqua vitae = uisce beatha = Lebenswasser, als auch die Behauptung von Kilchoman.

Im Shop kann man sich mit dem New Spirit im Miniformat eindecken. Wenn man Glück hat, bekommt man sogar eine Abfüllung, die wenige Tage zurückliegt. Noch ein bisschen mehr benötigt man, wenn Flaschen des MacBeatha 15 verkauft werden. Bis zu unserem Besuch gab es zwei Editionen: die erste ist eine Destillation bei Bowmore, die 15 Jahre reifte, bevor sie zur Abfüllung kam. Insgesamt 110 Flaschen gab es, die allesamt schon vergriffen sind. Ab und zu taucht mal eine im Handel auf, dann sollte man jedoch mit gut 500 GBP kalkulieren. Nicht ganz so teuer, aber inzwischen auch schon vergriffen, ist die 2nd Edition: ein 15 jähriger Bruichladdich, der sich in 132 Flaschen wieder fand. Diese Abfüllung war für das Feis Ile 2008 gedacht und kostete 54 GBP. Inzwischen wird für ein solches Fläschchen bis zu 250 GBP in Online-Shops verlangt. Sollten Sie also die Gelegenheit haben, eine der noch folgenden Editionen bei Ihrem Besuch zu erhalten, zögern Sie nicht, die Wertsteigerung scheint garantiert. In der Zwischenzeit wurde die 3. Edition kreiert. Ein 7 jähriger Caol Ila versteckt sich in 322 Flaschen. Freunde von Textilien und sonstiger Andenken können noch Glassouvenirs und typische Kleidungsstücke, wie T-Shirts, Schals und Mützen, erwerben.

Damit endet der Besuch auf der Rockside Farm jedoch noch nicht. In einem angrenzenden Gebäude kann man sich mit Pferden und Schweinen anfreunden. Und derjenige, der noch etwas Geld übrig hat, der sollte in den Delikatessen-Shop gehen. Dort hat man die Gelegenheit, regionale Spezialitäten und handgefertigte Erzeugnisse zu erwerben.

Die Rückfahrt gestaltet sich genauso wie die Anfahrt ein paar Stunden zuvor, nur hat sie den Vorteil, dass man weiß, was einen erwartet. An dieser Stelle darf eine Alternativroute nicht unerwähnt bleiben, obwohl sie letztlich kaum Fahrwegersparnis bringt. Damit soll keineswegs auf die Distanz angespielt werden, sondern auf die Beschaffenheit des Belages. Anstatt nach der Ausfahrt von der Rockside Farm nach rechts abzubiegen, drehen Sie Ihr Fahrzeug nach links. Falls Sie jetzt immer nur geradeaus fahren, gelangen Sie an die Machir Bay, einen schönen Sandstrand. Zweigen Sie jedoch etwa einen Kilometer vorher – an einem Haus; sieht aus wie eine weitere Zufahrt – nach links ab, erreichen sie die Kirche von Kilchoman und ein paar Cottages. Auf dem Friedhof bei der Gottesstätte steht auch ein Kreuz, das an den MacBeatha Clan erinnert. In der Nähe des Hauses an der "Hauptstraße" führt ein Fahrweg nach Norden. Folgt man diesem, kommt man bei der Saligo Bay an, die ebenfalls viel Sand bietet, aufgrund ihrer rauen See – felsiges Ufer, starke Wellen – jedoch schwerlich zum Schwimmen geeignet ist. Die Straße wendet sich jetzt Richtung Ost bis sie auf die B8018 trifft. Fährt man nun wieder nach Süden, wird nach etwa 2 Kilometern bekanntes Fahrterrain erreicht. Jetzt sollte man sich nach links – östliche Richtung – wenden, weil man sonst das Loch Gorm einmal komplett umfährt und zur Rockside Farm zurückkommt.

Kilchoman House Cottages

Kilchoman
Isle of Islay
PA49 7UY

Ansprechpartner: Ian & Margarete Brooke
Tel.: +44 (0)1496 850 382
www.islaycottages.com
ian@kilchoman.demon.co.uk

- *4 Cottages für jeweils 4 Personen: Lossit, Machir, Saligo, Sanaig*
- *1 Cottage für 6 Personen: Fieldgate Cottage*
- *1 Cottage für 4 Erwachsene + 2 Kinder(Etagenbetten): Shepherd's Cottage*
- *Alle Cottages verfügen über SAT TV und DVD Player, Kamin und elektrischer Zentralheizung; Bad mit Dusche; Küche jeweils mit Elektroherd, Mikrowelle, Kühlschrank und geräumigen Schränken – im Fieldgate Cottage zusätzlich: Waschmaschine, Tiefkühlschrank*
- *Parken auf angrenzenden Parkplatz möglich*
- *Alle Cottages sind NICHTRAUCHER Cottages*
- *Haustiere werden nicht mehr akzeptiert*
- *Preise (abhängig von Saison & Cottage-Typ): 215-490 £ / Woche*
- *Highlights in der Nähe: Sandstrände, Kilchoman Church, Kilchoman Distillery*

Kilchoman kurz gefasst

Rockside Farm   Tel.: +44 (0)1496 850 011
Bruichladdich   Fax: +44 (0)1496 850 156
Isle of Islay
Scotland   www.kilchomandistillery.com
PA49 7UT   info@kilchomandistillery.com

- Kilchoman (sprich: Kilhomen) ist die westlichste Brennerei Schottlands und gehört mit einer jährlichen Produktion von 90.000 bis 100.000 Liter zu den kleineren Vertretern der Zunft.
- Verwendete Gerste wächst auf der Farm
- Lage:ca.8 km vom Abzweig auf der A847 entfernt, an der Nordwestseite Islays.
- Geöffnet Mo-Sa 10-17 Uhr, Touren: 11 und 15 Uhr (vorherige Anmeldung nicht zwingend, jedoch ratsam), in den Wintermonaten nur montags bis freitags geöffnet
- Eintritt: 3,50 £ inkl. Kostprobe des New Spirit
- Tourbereiche: Malting Floor – Lagerhaus
- Shop: Miniaturen des New Spirit, bei Verfügbarkeit MacBeatha-Abfüllungen, Textilien, Glas- und Keramikwaren; Online-Shop unter http://eshop.kilchomandistillery.com
- Highlights:
  - erstes abgefülltes Fass vom 14.12.2005
  - erste eigene Flasche (destilliert & gelagert) für 2011 erwartet
  - Café im Visitor Centre
  - Pferde- und Schweinestall sowie ein Spezialitäten-Shop auf dem Gelände
  - Kilchoman Church mit MacBeatha Cross, ca. 1 km entfernt
  - Machir Bay, ca. 1 km entfernt
  - Saligo Bay, ca. 2,5 km entfernt

Spurensuche 2. Teil

Hollywood und die schottischen Könige

Jetzt ist es wirklich an der Zeit, dass man sich mit dem restlichen Islay beschäftigt. Whisky ist tatsächlich nicht der einzige Attraktionspunkt der Insel, auch wenn ein leichter Hauch stets in der Luft hängt. Doch man kann sich ja nicht nur von dem Malzbrand ernähren. Obwohl es vielleicht unvorstellbar ist, dass ein Genießer von Bier, jegliche Art von Whisky ablehnt. Denn die Herstellungsprozesse laufen ziemlich parallel, zumindest auf Teilstrecken. Selbst bei den verwendeten Zutaten gibt es gewisse Gemeinsamkeiten. Da liegt es doch nahe, dass ein anerkannter deutscher Whiskykenner Miteigentümer einer Brauerei auf Islay ist. Die Islay Ales Brewery erreicht man am besten über die Straße A846 in Richtung Port Askaig. Nicht weit hinter dem Örtchen Bridgend existiert eine Zufahrt zum Islay House Square, das in etwa die Antwort der Insel auf Einkaufszentren der Neuzeit ist. Das ganze wirkt wie ein ehemaliges Vierseiten-Gehöft, das nun verschiedene Läden beinhaltet. Zum einen finden Freunde von besonderen Printtechniken bei Elizabeth Sykes Batiks Shop sicherlich ein passendes Souvenir von der Insel. Andere dürfen im *Blue Lupins*, in dem es viele Accessoires für die Küche und Wohnung gibt, bei selbst gemachten, frischen Kuchen und einem großen Pott Filterkaffee bzw. einem Kännchen Tee entspannen. Sogar Pflanzen kann man hier kaufen. Dafür verschwindet die Shopbesitzerin mit den Interessenten kurz durch ein Hintertürchen. Bei dringenden, menschlichen Bedürfnissen wird das Privat-WC schnell mal zur Gästetoilette.

An einer weiteren Seite kann man ein Photostudio finden, das schöne Insel-Fotografien offeriert. Und letztendlich wäre da noch die Bierproduktionsstätte. Beim ersten Rundgang im Terrain liefen wir noch vorbei, vermuteten wir doch diese in der Nähe der begrünten Fläche. Aber dort sind nur ein Park und ein Garten, in dem man frisches Gemüse direkt vom Erzeuger erwerben kann.

Die Islay Ales Brewery besteht aus 2 Räumen: einem Produktionsraum und einem Verkaufs- sowie Verkostungsraum. Der interessierte Besucher kann sich von Paul Hathaway den Fertigungsablauf erläutern lassen sowie im Anschluss eine oder mehrere Kostproben des Bieres nehmen. Beim Brauen des Ales lässt man der Phantasie freien Lauf und kreiert Getränke wie Finlaggan oder Single Malt Ale. Natürlich kann man sich bei Geschmack und Wohlgefallen mit den verschiedenen Bieren eindecken. Und für denjenigen, der seine Zeit auf der Insel zu knapp bemessen hat, werden Merchandising Artikel angeboten. Auch in der Zukunft muss keiner auf Islay Bier verzichten. Einfach eine Email an Paul oder seine Mitstreiter schicken und eine Verpackungseinheit – natürlich können es auch mehr sein – geht auf Reisen. Doch eine Einschränkung gibt es dennoch. Zur Philosophie des Unternehmens gehört die Tatsache, dass das Bier vorrangig für die Einheimischen gebraut wird. In Engpässen bei der Produktion werden daher die Ileach bevorzugt beliefert.

Verlässt man Islay House Square und fährt weiter in Richtung Port Asgaig – das ist der schottisch gälische Name von Port Askaig – bietet sich nach wenigen Kilometern erneut die Möglichkeit, die Hauptstraße zu verlassen. Der Weg ist nicht so gut befestigt wie die Anfahrt zur Brauerei, aber es lohnt sich trotzdem, die Mühen auf sich zu nehmen. Schließlich erwartet einen ein Hauch von großem Hollywood-Kino. Wir befinden uns an der Islay Woollen Mill. Wie, Sie kennen diese nicht? Haben noch nie etwas von der gehört? Aber ich hoffe, Sie können etwas mit Braveheart oder Rob Roy anfangen?! Haben vielleicht auch Forrest Gump gesehen?! Nein, weder der schottische Freiheitskämpfer noch der Held aus Sir Walter Scotts Roman waren bei der Mühle. Und Forrest Gump, der reiste zwar um die Welt, dass er jedoch ausgerechnet auf Islay Station machte, ist eher fragwürdig. Aber was verbindet die Personen aus den genannten Filmen? Es ist die Kleidung! Und alles fing ganz harmlos an, wie uns Gordon Covell erzählte. Eines Tages ging er nach getaner Arbeit in den Pub, um sein Feierabendbierchen zu genießen. Wie der Zufall es so wollte, befand sich zu der Zeit ein Requisiteur aus Hollywood auf der Suche nach typischen, schottischen Mustern für einen Film. Er fragte Gordon, ob er vielleicht jemand kenne, der dazu in der Lage sei, ihm schottische Karos zu zeigen und anzufertigen. Der ehemalige Weber aus Wales sagte ja und führte den Suchenden zu sich nach Hause, wo er ihm ein paar Designs und Stoffe gab. Und immer, wenn es einen Film mit englischer oder schottischer Kleidung zu drehen galt, klopfte Hollywood auch bei ihm an. So fertigte er den bräunlichen Tartan, den Braveheart trug, webte das bläuliche Karo von Rob Roy und gab Forrest Gump einen Tweed Anzug zum Tragen. In der Zwischenzeit hat sich Gordons Ruf soweit herumgesprochen, dass sogar deutsche, französische und italienische Modebuden, wie Gucci, Prada etc. sein Design ins Programm aufgenommen haben. Und was für ein Mensch ist der Meister? Natürlich. Just for life. Gern zeigt er den Besuchern seine Mühle. Aus dem vorletzten Jahrhundert stammt sie, und einige Maschinen von 1883 verrichten noch heute zuverlässig ihre Arbeit. Die Mannschaft um ihn herum ist nicht groß, aber bisher jedem Stress gewachsen. Während Gordon uns die Funktionsweise eines alten Webstuhls erklärte, arbeiteten sein Sohn Marcus und eine Angestellte im Erdgeschoss an der metallisch hämmernden Maschine. In Spitzenzeiten sind es 7 Menschen, die ein Team bilden – inklusive er und seine Frau Sheila.

Wer will, kann sofort vor Ort seinen Kilt ordern. Doch Karo ist nicht gleich Karo, wie große, dicke und alte Bücher mit Tartanmustern beweisen. Und ein jedes ist voll mit Stoffen sowohl von verschiedenen Clans, als auch innerhalb eines Clans. Da wäre zum Beispiel der Clan der McDonalds: ein Tartan zum Ausgehen, ein Muster für die Jagd, ein Design für den älteren oder im modernen Stil; Karos, Streifen, Farben – teilweise so unterschiedlich wie Tag und Nacht. Aber kurioserweise, ein goldenes M hatte keiner dieser Stoffe. Falls man gern schottisch, jedoch nicht berockt, durch das Leben schreiten möchte, eine Hose ließe sich ebenfalls im gewünschten Tartan anfertigen. Die Preise sind relativ human, wenn man bedenkt, dass selbst Hollywood-Größen hier einkaufen: ungefähr 150 GBP für eine Hose, ein Kilt ab 350 GBP + Material – alles in Maßanfertigung.

Einige seiner Bücher stammen vom Anfang des letzten Jahrhunderts. Gordon sagt, die wären sicherlich in einem Museum gut aufgehoben. Er hatte auch schon daran gedacht, das eine oder andere Buch abzugeben. Aber dann entschied er sich anders. Schließlich ist jede Seite eine Suche nach historischen Spuren. So auch, als er für Braveheart Forschung betrieb. Es wird heute darüber gestritten, ob es überhaupt Schottenröcke zu der Zeit von Robert The Bruce und William Wallace gegeben haben kann. Doch lieben wir den Film nicht gerade deswegen, weil schottische Männer in Röcken über die behoste Soldatenmacht der Engländer gesiegt haben?! Und praktisch war der Rock für die Krieger sicherlich auch.

Neben allerlei Kleidungsstücken, Schals und Mützen kann der Besucher auch andere Souvenirs wie Ansichtskarten, Bücher und Schlüsselanhänger erwerben. Und bei der Investition in einige der angebotenen Andenken, kann der Käufer zusätzlich ein paar kostenlose Postkarten von Islay erhalten. Ein Besuch bei Gordon und seiner Woollen Mill kann sehr zeitintensiv sein. Doch jede Minute des Aufenthaltes ist es wert, innezuhalten und zu lauschen.

Nach soviel Bildung in Tartankunde verspürt man Lust, selbst auf Spurensuche zu gehen: Finlaggan. Um die geschichtsträchtige Stätte zu erreichen, folgt man der A846 weiter in Richtung Port Askaig. Nachdem man die Ortschaft Ballygrant etwa 1-2 Kilometer hinter sich gelassen hat, biegt linkerhand eine kleine Straße zum Loch Finlaggan ab. Diese muss man noch etwa 1 Meile entlangfahren bis das Visitor Centre des prähistorischen Ortes erreicht wird. Für das Auto oder sonstigen fahrbaren Untersatz ist auf dem Parkplatz Schluss, der Rest wird zu Fuß bewältigt. Zunächst geht es an einem Zulauf des Sees entlang, erst über festen Untergrund, dann mittels Holzbohlen. Das Fort Finlaggan selbst befindet sich auf einer kleinen Insel ein paar Meter innerhalb des Lochs. Doch man braucht keine Angst zu haben, sich nasse Füße zu holen, da das Inselchen und das übrige Land mit einer Holzstegbrücke verbunden sind. Ein Rundweg führt über die Insel und von einer Schautafel zur nächsten. Wer jetzt große, prächtige Bauten erwartet hat, sieht sich getäuscht. Das, was man bestaunen kann, ist eher klein, zerfallen, wenn überhaupt noch vorhanden. Auf der *OS Landranger Map 60* steht was von Castle und Church. Okay, die Kirche kann man noch erkennen, sind doch im Innern sehr alte Grabplatten. Eine erinnert in ihrer Form an eine Steinplatte der Kildalton Church. Zum Schutz vor Verschmutzung und eventueller Verwitterung werden die Gräber durch dicke Glasscheiben geschützt. Vom Castle ist bis auf die Grundmauern im Boden nichts mehr zu sehen. Das ganze erinnert an eine Grundstückszeichnung in natura statt auf Papier. Den Rest mag man sich vorstellen. Dafür stehen noch die Mauern eines Wohnhauses. Für wen dieses ein schützendes Dach bot, kann ich nicht mehr sagen. Aber durch das jetzt fehlende Dach kann man die Paps von Jura einfangen und fotografisch festhalten. Kurz bevor man den Rundgang auf der Insel beendet, kommt man am einstigen Zugang vom Land vorbei. Ein paar an Pflastersteine erinnernde Gesteinsbrocken wirken tatsächlich wie ein Causeway. Nun sind weder ich noch einer meiner Begleiter wahre Kenner archäologischer Stätten, doch eine Verweildauer von etwa einer Stunde auf Finlaggan ist großzügig bemessen. Damit möchte ich keinesfalls abstreiten, dass das intensive Studium der Schaubilder und das Hineinversetzen in die Zeit vor mehr als 1.000 Jahren den Aufenthalt beeinflussen können. Während unseres Besuches in der Insel-Frühgeschichte hatte das Visitor Centre wegen Umbaus geschlossen. Aus diesem Grund ist es nicht möglich, auf das vom Besucherzentrum präsentierte Angebot einzugehen bzw. es zu bewerten.

Islays Zentrum auf einen Blick

1. Bridgend

- *Kleiner Ort am Ausläufer des Loch Indaal, ca. 5 km von Bowmore entfernt*
- *2 Spar Shops hintereinander, von denen der hintere ein gutes Tiefkühlangebot besitzt*
- *Tankstelle und Kfz-Hof*
- *Bridgend Hotel* *Managerin: Mrs. Johanna Mottram*
  Bridgend,   *Tel.: +44 (0) 1496 810 212*
  Isle of Islay,
  Argyll,   *www.bridgend-hotel.com*
  PA44 7PJ.   *info@bridgend-hotel.com*

  - *Zimmerausstattung mit Wireless Internet Zugang, Telefon, Kaffee- u. Teezubereiter*
  - *SKY Digital und DVD*
  - *Raumvarianten: Familie, Doppelbett, 2-Bett und Einzelbett*
  - *Privater Parkplatz*
  - *Bushaltestelle neben Hotel, Shops in Nähe*
- *Islay Car Hire*
  Bridgend   *Tel.: +44 (0)1496 810 544*
  Isle Of Islay *mobil: +44 (0)7824 665 099*
  Argyll PA44 7PQ *www.islaycarhire.com*
        info@islaycarhire.com

2. Islay Square House

- *Lage: A846 Richtung Port Askaig, bei Ortsausgang Bridgend links die Zufahrt nutzen (ausgeschildert)*
- *Art Vierseiten-Gehöft mit verschiedenen Geschäften, unter anderem:*
  - *Elizabeth Sykes Batiks Shop und Studio*
    - *Islay House Square,* *Tel.: +44 (0)1496 810 147*
      Bridgend,   *(Mo-Sa 10-17 Uhr UK-Zeit)*
      Isle of Islay,   *Fax: +44 (0)1496 810 953 (24 h)*
      PA44 7NZ,   *www.islatran.demon.co.uk*
      Scotland   *ehs@islatran.demon.co.uk*
    - *Batik-Bilder von Tieren, Pflanzen, Islay Distilleries, Schottischen Schlössern, Landschaften etc.*

- Blue Lupins
  - Islay House Square,
    Bridgend, Isle of Islay,   Tel.: +44 (0) 1496 810 020
    PA44 7NZ,
    Scotland
  - Hausgemachter Kuchen, Filterkaffee, Tee und Shop
- Islay Ales
  - The Brewery
    Islay House Square   Tel./Fax: +44 (0)1496 810 014
    Bridgend
    Isle of Islay   www.islayales.com
    Argyll   info@islayales.com
    PA44 7NZ   sales@islayales.com
  - Kleine Brauerei im Herzen Islay
  - Kostenlose Führung mit Kostprobe einiger Ale-Sorten
  - Ungewöhnliche, jedoch bekömmliche Ales, z.B. Single Malt
    Ale, Nerabus Ale, Saligo Ale, Finlaggan Ale, Angus Og Ale etc.
  - Merchandising: Bier-Accessoires, T-Shirts, Jacken, Stifte etc.
  - Auch über Internet bestellbar, beim Ordern von Bier hat
    Belieferung der Insel Vorrang

3. Islay House Community Garden

Bridgend Community Centre & Kitchen Garden
Newton House   Tel.: +44 (0)1496 810 293
Bridgend,   mobil: +44 (0)7767 688 051
Isle of Islay   www.islaygarden.co.uk
PA44 7DP   info@islaygarden.co.uk

- Lage: direkt neben Islay House Square, selbe Anfahrt nutzen
- Garten mit Verkauf von saisonalen Früchten, Gemüse und
  Kräutern, verschiedene Kartoffel- und Bohnensorten, Salat kann
  selbst geerntet werden
- Freier Eintritt
- Bei Wunsch als Volunteer zu arbeiten, bitte Kontakt aufnehmen

4. Islay Woollen Mill

Bridgend,   Tel.: +44 (0)1496 810 563
Isle of Islay,   Fax: +44 (0)1496 810 677
PA44 7PG   www.islaywoollenmill.co.uk
Scotland   mill@islaywoollenmill.co.uk

- *Inhaber: Gordon und Sheila Covell*
- *Lage: A846 Richtung Port Askaig, ca. 1 km nach Ortsausfahrt Bridgend befindet sich rechts ein Schotterweg zur Mühle (Hinweisschild beachten)*
- *Alte Mühle aus dem 19. Jahrhundert, die heute noch mit einigen Maschinen aus ihrer Gründerzeit arbeitet.*
- *Lieferant von Tartan und Tweedstoffen für die internationale Filmindustrie, z.B. Hollywood, und bekannte Modelabels.*
- *Öffnungszeiten: 10-17 Uhr, solange noch jemand vor Ort ist, ist geöffnet*
- *Kostenlose Führung*
- *Verkauf von Kilts, Hosen, Jacken, Schals, Socken etc.*
- *Verkauf von Büchern und Islay-Souvenirs*
- *Die Anfertigung von Kleidung kann man vor Ort in Auftrag geben. Maße können auch via eMail an Gordon übermittelt werden.*
- *Zeit ist relativ, bei Führung und Stöbern im Shop*

5. Finlaggan

The Finlaggan Trust
The Cottage   Tel.: +44 (0)1496 850 273
Ballygrant
Isle of Islay
Argyll   www.finlaggan.com
PA45 7QL   enquiries@finlaggan.com

- *Lage: Der A846 in Richtung Port Askaig folgend, zweigt ca. 1 Meile nach dem Örtchen Ballygrant ein kleiner Fahrweg nach links ab (ausgeschildert)*
- *Geöffnet Ostern – Okt.: Mo-Sa 10:30-16:30 Uhr, So 13-16:30 Uhr*
- *Eintritt: normal 2 £, ermäßigt 1 £*
- *Heimat der Lord of the Isles*
- *Anlage: Insel im Loch Finlaggan, Reste von Kapelle u. Wohnhaus, Grundriss des Castles, Schautafeln mit Erläuterungen*

Caol Ila

Zieht man auf der Landkarte von Islay eine breite Linie von der nordwestlichsten Distillery – Kilchoman – bis nach Ardbeg erfasst man fast alle Brennereien der Insel. Nur zwei weichen durch eine größere Entfernung zur "Whiskylinie" ab. Eine der beiden ist Caol Ila. Der Name steht für „der Sund von Islay", was sich wohl auf die Meerenge zwischen Islay und Jura bezieht.

Über das Meer muss der Interessierte jedoch nicht schippern, wenn er der Destille einen Besuch abstatten möchte. Es gibt einen Landweg, der allerdings auch bevorzugt genutzt wird. Am besten fährt man mit dem Fahrzeug auf der A846 in Richtung Port Askaig. Hinter der Ortschaft Keills und kurz bevor man die Hafensiedlung erreicht, zweigt eine schmale Straße nach Norden ab. An der Hauptstraße steht ein Hinweisschild für Caol Ila, damit man wirklich sicher gehen kann, dass man die richtige Abzweigung nutzt. Nach etwa einem Kilometer erreicht man die ersten Häuser. Am Rande liegt eine blecherne Robbe mit den bekannten Buchstaben, im Hintergrund die Paps von Jura. Doch das ist kein „Herzlich Willkommen" der Destille, sondern eher der Ortseingang der Siedlung. Den Whiskyenthusiasten wird gesondert gehuldigt, wenn auch etwas unscheinbarer. Ein grauer Steinhaufen, mit Beton verfugt, hält eine Tafel: „Caol Ila Distillery Visitors Welcome". Die Straße windet sich in einer Serpentine zum Meer hinunter und ans Ziel.

Auf den ersten Blick erinnert die Distillery mit ihren hohen Gebäuden und dem verglasten Produktionsraum an eine Fabrik als an eine kleine, gemütliche Brennerei. Auch der Schornstein und die mit Wellblech verkleidete Zickzack-Dachform des Still House passen wunderbar in dieses Bild. Völlig im Gegensatz zu den Hochbauten der Anlage steht an der Kaimauer eine Waage. Ein paar Gewichte sind nicht fähig, das auf der anderen Seite hängende Fass mit dem Schriftzug der Destille in die Höhe zu hieven. Ein einzelnes Fass, vielleicht für 200 Liter Fassungsvermögen, mehr nicht. Was will bzw. soll uns dieses Bild sagen? Großer Input, kleiner Output? Caol Ila – ein

Schwergewicht? Auf jeden Fall macht es neugierig. Ein Grund in die Welt der Distillery einzutauchen.

Der Empfangsbereich ist recht spartanisch: ein Schreibtisch, auf dem einige Broschüren liegen, ein Regal mit käuflichen Flaschen, große und mittlere. Falls man vorher schon bei Lagavulin zu Besuch war, erkennt man sofort die auffällige Ähnlichkeit. Auch hier hat DIAGEO seine Finger im Spiel. Damit wird auch klar, Malting ist hier nicht, das erledigt die Konzerntochter in Port Ellen. Für die Tour muss der Interessierte 4 GBP bereithalten, als Mitglied der Classic Malt Freunde zumindest seinen Mitgliedsausweis, dann ist die Führung frei. Sobald der Rundgang startet, wird man vom Hauch der Whiskywerdung umnebelt. Alle Prozesse der Herstellung finden in einem Haus statt, auf unterschiedlichen Etagen, räumlich voneinander getrennt. Der schönste Bereich ist zweifelsohne das Still House. Und das nicht nur, weil hier die Maischebrühe in lagerfähiges Destillat verwandelt wird. Nein, durch die Glasfront des Hauses kann man auf die Paps von Jura schauen. Besonders schön wirkt der Anblick, wenn man zwischen die Brennblasen auf die Berge sieht. Das hat dann so was Beruhigendes, vielleicht sogar Mystisches. Und damit endet der Rundgang. Eine Fassabfüllung gibt es hier nicht, von Lagerung ganz zu schweigen. Obwohl ein mehrstöckiges Lagerhaus direkt neben dem Produktionsgebäude steht. Doch das wird schon von Lagavulin genutzt. Also wohin mit dem wertvollen Middle Cut? In Tanks, aufs Festland!

Nun kommen die Puristen zu Wort. Darf ein Whisky, der nachweislich nicht auf Islay gelagert wird, sich Islay Malt Whisky nennen? Ja okay, gebrannt wird er dort, aber erst die Lagerung lässt das Destillat zu Whisky reifen. Laut schottischem Gesetz werden mindestens 3 Jahre dafür beansprucht. Umgedreht könnte man fragen, ob ein Whisky, der zum Beispiel in der Speyside seine Wurzeln hat, sich nun jedoch mit Islay Klima entwickelt, zum Islay Whisky wird. Ganz so abwegig ist die Fragestellung nicht, denn viele Brennereien wollen heutzutage unter Einbezug verschiedener Regionen die Bandbreite des eigenen Sortiments erweitern. Für die Inselbewohner stellen sich derlei Fragen nicht: Islay Distillery – Islay Whisky, Fakt!

Im Empfangsbereich wird man bereits erwartet, und zwar von drei Flaschen Whisky: ein 12er, ein 18er und eine Destillers Edition. Davor drei Gläser, die sich nach dem kostbaren Inhalt sehnen. Den bestimmt jedoch der Tourteilnehmer. Auf den ersten Schluck können weitere folgen, aber immer in einem frischen Glas. Sonst kann man die Nuancen untereinander nicht schmecken. Für den Heimbedarf sind einige Caol Ila Abfüllungen erhältlich. Eine Special Edition kann man nur hier in der Distillery kaufen und muss sie dann gleich mitnehmen. Ein Versand wird ausgeschlossen, stattdessen kann man sich an Online-Shops richten. Obgleich die Spezialabfüllung dort womöglich nicht verfügbar ist. Ein Teufelskreis, der einen zwingt, jetzt und nur jetzt das Geld in mitzunehmende Flüssigkeit einzutauschen. Miniaturen bekommt man nicht, höchstens die Mittelform: 20cl Flaschen. Allerdings kann man diese auch in Deutschland zu einem teilweise günstigeren Preis erwerben.

Caol Ila im Überblick

Caol Ila Distillery,   Tel.: +44 (0)1496 302 760
Port Askaig,   Fax: +44 (0)1496 302 763
Isle of Islay   www.malts.com
PA46 7RL   www.discovering-distilleries.com
    flora.macaffer@diageo.com

- *Lage: Von Port Askaig folgen Sie der A846 in Richtung Bowmore. Auf halber Strecke bis zur Ortschaft Keills zweigt eine kleine Straße nach Caol Ila ab (Hinweisschild). Von Bowmore kommend muss man Keills durchfahren. Der Abzweig folgt nach etwa 1 km hinter dem Ortsausgang auf der linken Seite. Dem Fahrweg folgt man etwa 1-1,5 Meile(n) bis man die Siedlung Caol Ila erreicht. Bis zur Distillery sind es dann noch ca. 500m*
- *Kostenfreier Parkplatz beim Distillery-Hauptgebäude*
- *Geöffnet Mo-Fr 09:15-16 Uhr*
- *Touren Mo-Fr 09:30, 10:45, 13:45 und 15 Uhr, Anmeldung erforderlich*
- *Tourbeitrag: 4 £ inkl. Kostproben, für Freunde der Classic Malts mit Mitgliedsausweis frei, beim Kauf einer 70cl-Flasche wird Eintritt angerechnet*
- *Kinder unter 8 Jahren erhalten keinen Zutritt zur Produktion*
- *Tourbereiche: Mahlen des Malzes – Destillation*
- *Shop: hauptsächlich Caol Ila Abfüllungen in 70cl Flaschen, einige auch in 20cl Flaschen, Classic Malt Sets, keine Miniaturen, keine Textilien oder sonstigen Souvenirs. Kein Versand möglich.*
- Nicht so stark getorft wie die südlichen Islay Whiskies
- *Sonstige Anmerkungen: etwas abgeschieden von der Touristenroute, kleine Führungen bis Privattouren möglich*

Schwarze Flasche mit Islayvielfalt

Die zweite der abseits liegenden Brennereien ist Bunnaha-bhain (*Búnnahavin*). Und welch Wunder nicht also weit von Caol Ila entfernt. Wenn man Flügel hätte, bräuchte man sich nur kurz vom Boden abschwingen und über die Hügelkette nach Norden schweben. Besonders gute Schwimmer können sich auch im Wasser versuchen, doch aufgrund der zum Teil starken Strömung ist das eher nicht zu empfehlen. Von der Wassertemperatur ganz zu schweigen. Der bequeme Reisen-de muss wohl oder übel einen kleinen Umweg von der einen zur nächsten Distillery in Kauf nehmen.

Nun sind aber nicht alle Whiskyfans so knapp in ihrer Zeit bemessen, dass sie mehrere Brennereien an einem Tag besu-chen müssen. Mit anderen Worten, zwei Tage, zwei Distilleries und zwei Anfahrten. Für Bunnahabhain nutzen Sie ebenfalls die A846 in Richtung Port Askaig. Direkt bei der Ortschaft Keills biegt ein kleiner Fahrweg nach Norden ab. Von Port Askaig kommend, befindet sich der Abzweig maximal einen halben Kilometer vor den ersten Häusern Keills. Laut dem Hinweisschild liegen nur noch wenige Meilen vor uns. Doch kalkulieren Sie die Zeit nicht zu knapp. Eine Fahrspur ist es, die zur Brennerei führt. Eventuellen Gegenverkehr kann man nur in Haltebuchten und Einfahrten passieren lassen. Auch Kurven, Hügel und Steinmauern beeinträchtigen die unein-geschränkte Sicht.

Bunnahabhain ist zwar wuchtig, vom Gelände aber eher klein. Als Fahrzeugführer muss man sein Gefährt durch die Gasse zwischen den zum Teil hohen, grauen Gebäuden lenken. Ein mittelgroßer Platz, an dessen Ende ein Gebäude mit Black Bottle Werbung steht, lädt zum Parken ein, doch das ist nicht ganz korrekt. Die eigentliche Parking Zone ist überdacht und sowohl für Mitarbeiter, als auch für Besucher gedacht. Das Haus mit der Werbetafel beinhaltet einen Warteraum. Ein Videorecorder, ein Kaffeeautomat zur kostenlosen Bedienung. Kein Personal, nur ein Schild, wo man sich für die Tour mel-den soll: im Distillery Office, aber wo? Der Flachbau auf der anderen Seite hat ein Büro, eine Toilette, keine Menschen, die man fragen kann. Die nächste Chance, direkt in der Brennerei, bisher standen wir davor. Durch das hohe Tor gelangt man in einen kleinen Innenhof. Gegenüber steht eine Tür offen, die jedoch zur Produktion führt. Zum Office gelangt man, wenn man sich hinter dem Tor rechts hält und die Stufen nach oben steigt. Kurze Meldung, danach darf man sich in den Warteraum zurückbegeben. Man wird abgeholt.

Für die Tour muss man 4 GBP Eintritt bezahlen. Die Hälfte kann später beim Kauf einer 70cl Flasche als Gutschrift angerechnet werden. Der Rundgang beginnt bei der Mühle – ein rotes Modell aus England. Danach besucht man Step by Step das Maischen, die Fermentierung und das Brennen. Während des Rundgangs bei den Tuns darf man ruhig eine Geruchsprobe des Gärvorgangs nehmen, doch Vorsicht es besteht Gefahr von Sauerstoffmangel. Nebenbei kann man eventuell noch den Betriebsangehörigen beim Streichen der Wände über die Schultern schauen. Ja, nicht nur die Beobachtung der Prozessschritte gehört zum Aufgabenbereich eines Mitarbeiters, die vielen kleinen Tätigkeiten daneben müssen ebenfalls erledigt werden. Und Streichen der Wände im Tun Raum natürlich auch. Ist man in dem Genuss einer Privattour, was nicht selten vorkommt, da Bunnahabhain etwas entfernt von der Touristenlinie liegt, kann man Fragen stellen, die man sich sonst nicht traut. Zum Beispiel wie oft die Mitarbeiter Pinsel schwingen müssen, anstatt auf Knöpfe einer Apparatur zu drücken.

Der Whisky wird ähnlich wie bei Caol Ila komplett in Tanks abgefüllt. Ein Teil ist für die Blended Whisky Produktion bestimmt, ein anderer, deutlich kleinerer Teil wird irgendwann einmal als Malt Whisky an den Kunden gebracht. Großen Erfolg erlangte man mit einem besonderen Blended Whisky, den man vor ein paar Jahren kreierte: Black Bottle. Ein Blend, der alle Islay Whiskies in einer Flasche vereint. In seiner Geburtsstunde und den ersten Jahren war die Aussage noch korrekt, inzwischen müssen die Fans auf Bowmore verzichten. Die Gründe, warum sich Bowmore zurückgezogen hat, sind nicht bekannt. Vielleicht sehen die ihre Whiskies nur im Malt Sektor.

Ob stattdessen Kilchoman in die Marktlücke springt, kann man noch nicht sagen. Der erste bei Kilchoman gebrannte und gelagerte Tropfen wird für das Jahr 2011 erwartet. Was auch weniger bekannt sein dürfte, es gibt zwei unterschiedliche Abfüllungen des Black Bottle. Die Europäische mit Jahresangabe beinhaltet nur Islay Malts und den Rest, den ein Blended ausmacht. Für den UK-Markt wurden neben den Islay Malts noch Festland Malts einbezogen, dafür verzichtet man auf die Jahresangabe. Bis vor kurzem ähnelten sich beide Flaschen in der Beschilderung, doch neuerdings hat die britische Variante ein völlig neu entworfenes Label.

Die Tour gleicht einer Führung in einer Fabrik. Nichts wird beschönigt oder besonders für den Tourismus hergerichtet. Der vorhandene Platz innerhalb der Gebäude wird zweckmäßig genutzt. Und der Distillery Manager macht daraus keinen Hehl: ‚Bunnahabhain ist eine produzierende Brennerei, die gern Besucher in die Arbeit hier hereinschauen lässt. Aber Bunnahabhain ist keine touristisch angelegte Show Destille, die nebenbei Whisky herstellt.'

Ein bisschen hat man sich jedoch auf den Tourismus und dessen Vorlieben eingestellt. Am Ende des Rundgangs steigt man die Stufen zum General Office empor. Ein kleiner Raum ist zum Shop eingerichtet. Hier bekommt man alles, was das Herz begehrt. Zuerst natürlich eine Kostprobe des 12er Bunnahabhain im Tumbler. Dann bleibt genügend Zeit, sich umzusehen. Textilen, Papierware, Magazine, Gläser und Flaschen. Darunter sind Miniaturen von Black Bottle in beiden Varianten. Als besonderes Plus empfindet man, dass man sogar alte Whiskymagazine kostenlos mitnehmen darf, bei einigen anderen Brennereien muss ein Preis gezahlt werden.

Bunnahabhain kompakt

Bunnahabhain Distillery
Port Askaig   Tel.: +44 (0)1496 840 646
Isle of Islay
PA46 7RP   www.bunnahabhain.com
Scotland   lillian.macarthur@burnstewartdistillers.com

- Lage: etwas nördlich von Caol Ila gelegen, jedoch keine direkte Verbindung. Um zu der Distillery zu gelangen, biegt man in der Nähe von Keills von der A846 ab (Hinweisschild) und folgt der Straße für ungefähr 4 Meilen. Der einspurige Fahrweg führt unmittelbar auf das Brennereigelände.
- Mit öffentlichen Verkehrsmitteln schwer zu erreichen, Privat- bzw. Mietfahrzeuge sind empfehlenswert
- Kostenfreier Parkplatz für PKW
- Geöffnet Mo-Fr 10-16 Uhr, Touren 10:30, 14 und 15:15 Uhr (vorherige Anmeldung notwendig)
- Tourbeitrag: 4 £ inkl. Dram, 2 £ werden beim Kauf einer 70cl Flasche angerechnet
- Tourbereiche: Mahlen des Malzes – Destillation
- Shop: 12 jähriger, 18 jähriger und 25 jähriger Bunnahabhain in 70cl Flasche, Black Bottle Europa-Version und UK-Version, Miniaturen vom 12 jährigen Bunnahabhain sowie von den Black Bottle Varianten, Textilien mit Distillery-Namen bzw. Black Bottle Bezug, Glaswaren und Kleinsouvenir, teilweise Magazine
- Nicht so stark getorft wie die südlichen Islay Whiskies
- Familiäres Umfeld, abgelegen von Touristenhauptroute, dadurch kleine Führungen bzw. Privattouren möglich

Schnittstelle: Port Askaig / Port Asgaig

Neben Port Ellen ist Port Askaig der zweite Hafen, der die Insel mit dem Festland verbindet. Aber nicht nur das, auch die Versorgung der Nachbarinsel Jura läuft über den Ort. Was kann der Besucher bei soviel Verantwortung erwarten? Eine Stadt, die in ihren Ausmaßen an denen von Port Ellen heranreicht? Doch mindestens, oder? Eher *oder* als *mindestens*, denn viel ist es nicht, was die Hafensiedlung zu bieten hat. Gehen wir es jedoch langsam an. Es gibt zwei Wege, sich Port Askaig zu nähern: vom Land und vom Wasser.

Die Landvariante ist weniger schockend. Man kommt ja vom Inselinneren, kennt sich inzwischen mit den Begebenheiten auf Islay aus. Port Asgaig erreicht man über die A846, alternative Fahrwege gibt es nicht. Man fährt die ganze Zeit auf die Berge von Jura zu. Fast könnte man meinen, dass im nächsten Augenblick eine Brücke auftaucht, die über die Meerenge gespannt ist. Stattdessen geht es in zwei großen Kurven abwärts. Dazwischen ein etwa 300 Meter langes, gerades Stück, von dem man den ersten Eindruck des Ortes bekommt. Den Löwenanteil beansprucht ein großer Platz, der in der Mitte liegt. Daneben führt eine kleine Straße zum Hafen, eine andere kommt auf der gegenüberliegenden Seite zurück. Außerdem gibt es noch einen Parkplatz, 2 Gebäude, 2 Bushäuschen und natürlich die Fähranlegestelle. Beim Näherkommen entpuppt sich der große Platz als Einbahnstraße mit 7 Spuren. Nach der lang gezogenen Linkskurve teilt sich die Straße. Eine Fahrspur, die links abzweigt, ist als Haltespur für die Jurafähre gedacht. Die restliche Fahrspur – Richtung Hafen – verbreitert sich derart, dass sieben Autos nebeneinander stehen könnten. Und das sollen sie auch, zumindest sechs. Einmal am Tag, manchmal sogar ein zweites Mal füllen sich die Spuren mit wartenden Fahrzeugen, die Islay Richtung Festland verlassen möchten. Bleibt noch eine Fahrbahn übrig. Na ja, irgendwo müssen doch die entlangfahren, die zwar nach Port Askaig kommen, aber sich nicht von der Insel verabschieden wollen, wie z.B. der Bus. Am vorderen Ende der Fahrspur, vielleicht 50 Meter vom

Wasser entfernt, ist ein Bushäuschen. Typisch britisch mit Plexiglas und zwei Eingängen. Die Linie 451 endet hier bzw. nimmt ihren Anfang. Hinter dem zentralen Haus führt die Einbahnstraße zurück zur A846, wo sie sich als Gegenfahrspur zur Hauptstraße zusammensetzt. In dem Haus befindet sich ein kleiner Shop, der auch die Tankstelle ein paar Meter weiter betreibt. In dem ursprünglich als zweites Buswartehaus vermuteten Bau, steht eine Zapfsäule mit zwei Pistolen: Diesel und Petrol. In die gemauerte Wand ist der Umriss der Insel eingefräst. Doch nicht nur architektonisch beeindruckt die Fahrzeugnahrungsstelle, denn während unseres Aufenthaltes auf Islay konnten wir hier besonders günstig tanken. 12 Cent Unterschied zur Tanke in Port Ellen. Und stündliche Schwankungen, die in Deutschland in Mode gekommen sind, kennt man gar nicht. 14 Tage verbrachten wir auf der Insel und der Preis blieb gleich. Gilt natürlich für fast alle Tankstellen auf dem Eiland.

Das zweite, von oben aufgefallene Gebäude beherbergt ein Hotel mit einem Pub. Hier steppt der Bär, wenn mal gerade nicht so viel los ist. Es gibt sogar Live Musik an bestimmten Tagen. Das gab es nicht einmal in Port Ellen.

Etwas versteckt, man konnte es bei der Anfahrt auf den Hafen nicht erkennen, existiert noch ein drittes Haus: das Fährterminal. Während unseres Besuches war dieses wegen baulicher Maßnahmen eingerüstet. Die Abwicklung jeglicher Fährbürokratie erfolgte in Baucontainern. Und bevor man es vergisst bzw. unterschlägt, die Wasserrettung hat ihr Domizil ebenfalls in Port Askaig errichtet. Man muss nur über den Rasen des Hotels schlendern, ein paar Stufen zu einer alten Kanone erklimmen und man steht fast vor der Tür des Büros. Doch das ist dann wirklich alles, was die Hafensiedlung zu bieten hat.

Wenn man den Hafen nur für sich betrachtet, kann man sich das Anlegen der Großfähren kaum vorstellen. Die kleine Fähre, die Islay mit Jura verbindet, beansprucht ja schon fast den gesamten Anleger. Auf dieser finden bei optimaler Ausnutzung 6 PKW Platz. Die MV *Hebridean Isles* und MV *Isle of Arran* können bis zu 62 Autos transportieren. Aber es funktioniert. Irgendwie. Notfalls muss die Jurafähre warten.

oben: Caol Ila Distillery, Spirit Stills mit Paps of Jura
unten: Bunnahabhain Distillery, Sound of Islay

oben: Kilnaughton Bay, Tagesausklang mit Black Bottle
unten: Laggan Bay, Sandstrand bei der Kintra Farm

oben: Kildalton Church mit Steinkreuz
unten: Reste des Dunyveg Castle bei Lagavulin

oben: Schafe am Straßenrand
unten: Kühe auf der B8018

oben: Isle of Jura Distillery
unten: Craighouse, Isle of Jura

oben: Steilküste am Mull of Oa
unten: Port Askaig, Fährhafen, Abschied von Islay

Nun stellen Sie sich das Ganze einmal vor, wenn Sie das erste Mal nach Islay fahren. Statt Port Ellen ist Port Askaig das Ziel des Schiffes. Sie schippern gemütlich an der Küste von Islay entlang, auf der anderen Seite von Jura-Land begleitet. Nur Berge, Ufer und Wasser sind erkennbar, kaum Zeichen von Zivilisation. Gespannt halten Sie Ausschau nach der Bucht, in der Sie den Hafen vermuten. Wo Islay Sie willkommen heißt. Erst einmal enttäuscht ist man, wenn man die paar Häuser bei der Anlegestelle sieht. Umdrehen, das Schiff gar nicht verlassen. Oder rein ins Auto und einfach nur weg. Doch diejenigen, die kein Gefährt mit sich führen, sind gefangen. In der Hoffnung, der Bus möge bald kommen. Der fährt allerdings nur bis ungefähr 19 Uhr, dann erst wieder am nächsten Tag. Falls man also plant, die Abendfähre als reiner Passagier zu nutzen, muss man entweder mit einer Nacht in Port Askaig vorlieb nehmen oder im Vorfeld das Abholen klar machen. Ähnlich ergeht es denen, die ihren Urlaub auf Jura planen. Wie bereits erwähnt, muss die kleine Fähre das Ent- und Beladen der Großfähre abwarten. Das kann dann schon mal 40 Minuten dauern, die man sinnvoll überbrücken möchte. Großartig herumlaufen kann man nicht, es gibt nichts im Umkreis von einem Kilometer zu sehen, was einen Besuch lohnen würde. Nur das Treiben im Hafen könnte man beobachten, allerdings aus sicherer Entfernung, um die Abfertigung nicht zu beeinflussen. Eventuell kann man in den Shop gehen, der bis 17 Uhr geöffnet hat. Aber mehr als 5 Personen sollten nicht hineinstürmen, sonst wird es eng. Bliebe nur noch der Pub, doch haben Sie ein Auge auf der Uhr. Bei Nutzung der Abendfähren – 20 Uhr und später – nach Jura, müssen Sie mindestens 12 Stunden vor Abfahrt Ihre Überfahrt anmelden.

Wenn abends die letzte Fähre aus Kennacraig eingetroffen ist und die Massen von dannen gezogen sind, wird es ruhig in dem kleinen Örtchen. Vielleicht dringt etwas Musik aus dem Pub, kündet von fröhlichen Menschen. Möglicherweise tuckert die Jurafähre noch ein paar Mal über den Sund, ansonsten legt sich das dunkle Tuch der Nacht auf Port Askaig und lässt es schlafen, bis Reisewillige den Trubel am nächsten Tag neu beginnen lassen.

Wohin in Port Askaig

1. The Port Askaig Hotel

Port Askaig	Tel.: +44 (0)1496 840 245
Isle of Islay	Fax: +44 (0)1496 840 295
PA46 7RB	www.portaskaig.co.uk
Scotland	hotel@portaskaig.co.uk

- Lage: direkt am Hafen von Port Askaig
- Räume: 2 Einzelzimmer, 4 2-Bett-/Doppelbettzimmer, 2 3-Bett-zimmer (Doppelbett + Einzelbett), 1 Appartement
- Zimmerausstattung: Farb-TV und Radio
- Appartement: Bad mit Wanne, Dusche, WC, Heizer und Elektro-Rasierer-Anschluss, komfortable Lounge mit 20" TV, tragbares Radio; 2 2-Betträume mit eigener Waschgelegenheit und Rasieranschluss, Wasserkocher und Farb-TV; 1 Faltbett für mögliche 5. Person; abgegrenzter Essraum mit Telefon; Küche mit Elektroherd, (Tief-)Kühlschrank, Mikrowelle, Kochutensilien, Waschmaschine, Bügelbrett mit –eisen, Geschirrspüler
- Preise: Zimmer: ca. 40-130 £ je Nacht, Appartement: ca. 200-375 £ je Woche (saisonabhängig)
- Port Bar – ältester Pub auf Islay (aus dem 16. Jahrhundert)
- Starboard Restaurant

2. Shop mit Postbüro und Tankstelle

- Lage: direkt am Hafen, gegenüber der Fähranlegestelle
- Kleiner, verwinkelter Laden im Tante Emma Stil
- Geöffnet: Mo-Sa 09-17 Uhr, um die Mittagszeit geschlossen, So 14-16 Uhr
- Tanken nur während der Shop-Öffnungszeiten möglich
- Günstige Tankmöglichkeit auf Islay

3. Lifeboat Station Islay

- Port Askaig, Isle of Islay, Argyll, PA46 7RB
- Tel.: +44 (0)1496 840
- www.rnli.org.uk/rnli_near_you/scotland/stations/islaystrathclyde
- Donnerstags 19 Uhr Crew Training

Blender auf Jura

Gegenüber Feolin ist Port Askaig purer Luxus. Feolin ist die Anlegestelle von Jura. Warum man dieser einen Namen gegeben hat, ist wohl nur in der Fährverbindung begründet. Ein Flachbau, in dem ein Warteraum und die öffentliche Toilette untergebracht sind, und ein Imbisswagen, auf dessen Anwesenheit man nicht vertrauen sollte, sind die einzigen Anlaufpunkte während der Wartezeit. Die Straße endet im Wasser, wenn nicht ab und an die Fähre vorbeischaut. Okay, mehr braucht es wirklich nicht. Islay liegt nicht mal einen Kilometer entfernt, das Schiff braucht 5, maximal 10 Minuten für die Strecke. Doch Feolin ist wichtig. Ist es doch Juras einzige Verbindung zum schottischen Festland.

Jura ist in seiner größten Ausdehnung ungefähr 45 Kilometer lang. Das nördliche Ende ist vielleicht 6-7 Kilometer von der schottischen Küste entfernt. Trotzdem läuft der Fährverkehr über Port Askaig auf Islay. Auf der Insel gibt es eine Hauptstraße, die bei Feolin beginnt, um den südlichen Ausläufer und entlang des östlichen Küstenstrichs verläuft. Nach etwa 8 Meilen auf der A846 wird es interessant für Whiskyfreunde. Wir befinden uns in dem ersten größeren Ort der Insel. Craighouse ist die Heimat der Isle of Jura Distillery und jährliches Domizil für einen der großen Blender. Ungefähr zwanzig Meter neben der Brennerei logiert Richard Paterson von Whyte & Mackay für ein paar Monate. Der Geist von Jura ist wichtiger Bestandteil in seinen Kreationen. Grund genug die Gelegenheit zu nutzen und in der Destille vorbeizuschauen.

Die Gebäude besitzen die ähnlich weiße Farbe, die auch auf Islay des Häufigeren vorkommt. Doch sonst wirkt das Ganze sehr kompakt. Vom Vorgänger der heutigen Distillery ist ein einziger Stein übrig geblieben. An der Außenseite stehen der Silo für das Malz und die Tanks für den Wasservorrat. Gemälzt wird in Port Ellen, danach transportiert man den Grundstoff per LKW nach Jura. Der erste Prozess in der Brennerei ist das Mahlen und die Verarbeitung zu Grist. Zusammen mit Wasser und Hefe wird der Grundalkohol erzeugt, der in zwei Destillierschritten zum wertvollen Hochprozentigen verarbeitet wird. Zum Schluss wird das Destillat in Bourbonfässer eingesperrt, damit es so nach und nach zu Whisky werden kann. Bis hierhin alles wie gehabt, so wirklich neue Erkenntnisse erhält man bei der Tour nicht. Natürlich, Nuancen gibt es überall. Nichts gleicht völlig dem anderen. Das wird beim Schmecken des Whiskys deutlicher als vielleicht anderswo. Und Jura schmeckt anders als Islay. So eine Art Kompromiss für diejenigen, die Restschottland etwas gemächlich, Islay jedoch zu explosiv im Rauch finden.

Im Verwaltungsgebäude befindet sich der Shop, in dem man seine Kostprobe zu sich nimmt. Kaufen kann man hier Pflegeprodukte, die mit Whisky versetzt wurden. Auch einige Süßwaren mit dem Getränk sind erhältlich. Natürlich, werbewirksame Textilien, Glaswaren und Kleinigkeiten kann man ebenso erwerben wie Whiskyflaschen der gängigen Produktpalette. Zu den Standardabfüllungen in der 70cl Flasche sind Miniaturen im 5cl Format verfügbar. Und bei Bedarf kann man sich sein Andenken vom Distillery Manager signieren lassen. So hält man trotz seiner gängigen Abfüllung ein Unikat in den Händen. Daneben gibt es noch ein paar besondere Abfüllungen: The Jura Elements. Der Wasser, Erde, Wind und Feuer symbolisierende Whisky wurde jeweils in weniger als 900 Flaschen abgefüllt, die einzeln bzw. als Set in einem Lederkoffer erworben werden können.

Im Ort gibt es neben der Brennerei noch ein Hotel, eine Bar und ein Spar Shop. Im Eingangsbereich des Ladens hängt eine Liste von Cottage- und Unterkunftsanbietern. Für den momentanen Aufenthalt mag die Übersicht zu spät kommen, doch für den Wiederkehrer ist es eine mögliche Alternative. Vor dem Shop steht ein Telefonhäuschen, in dem man sogar mit Euro-Münzen bezahlen kann. Auch auf Islay haben wir einige der roten Mitteilungszellen gesehen. Ob sich diese jedoch mit dem kontinentalen Einheitsgeld zufrieden geben, wurde von uns nicht ausprobiert.

Von der Hauptstraße zweigen in unregelmäßigen Abständen Wege ins gebirgige Hinterland der Insel ab. Inwieweit die Pfade für Wanderungen oder Mountainbiketouren genutzt werden können, kann ich nicht sagen, da uns bei unserem Besuch die Zeit dazu fehlte. Doch wenn man die Paps von Jura aus der Nähe betrachtet, kann leicht die Lust für Erkundungen und Abenteuer entstehen. Wer dieses oder ähnliches an Aktivität in seinem Urlaub plant, ist am besten beraten, wenn er sich mit Einheimischen kurzschließt. Für weniger anspruchsvolle Touren eignet sich die A846 in Richtung Tarbert. Vor all zu großem Verkehr muss man sich nicht fürchten. Eher im Gegenteil, man freut sich, wenn man einmal ein Fahrzeug sieht. Der Zustand der Fahrbahn erinnert an die B-Straßen auf Islay – eine Fahrspur und entsprechende Haltebuchten stehen dem Verkehr zur Verfügung.

Die Menschen auf Jura sind ähnlich nett wie auf Islay. Take it easy and enjoy your time. Egal wo, egal wann.

Die Brennerei und ihr Umfeld

Isle of Jura Distillery

Craighouse,	*Tel.: +44 (0)1496 820 385*
Isle of Jura,	*Fax: +44 (0)1496 820 344*
Argyll	*www.isleofjura.com*
PA60 7XT	*info@isleofjura.com*

- *Lage: In Craighouse, ca. 8 Meilen von der Fährstation Feolin entfernt, auf der linken Seite*
- *Geöffnet Mo-Fr 10-16 Uhr, Sa 10-14 Uhr*
- *Geführte Touren*
  - *April – Oktober: Mo-Fr 11 und 14 Uhr (vorherige Anmeldung),*
  - *Oktober – April: Touren nur auf Termin*
- *Tourbereiche: Mahlen des Malzes – Fassabfüllung*
- *Kostprobe eines Jurabrandes: wählbar aus der gängigen Bandbreite*
- *Shop mit Jura Standardabfüllungen in 70cl und 5cl Format, Limitierte Editionen, Textilien, Kosmetik, Kalendern, Süßwaren*
- *Manager signiert Flaschen auf Anfrage*

Jura Hotel mit Pub

Isle of Jura Tel.: +44 (0)1496 820 243
Argyll Fax: +44 (0)1496 820 249
PA60 7XU www.jurahotel.co.uk
Scotland jurahotel@btconnect.com

- Lage: In Craighouse, schräg gegenüber der Jura Distillery, auf der rechten Seite der A846.
- Räume: 7 Einzelzimmer, 2 Doppelbettzimmer, 6 2-Bett-Zimmer, 1 3-Bett-Zimmer (1 Doppel- + 1 Einzelbett), 1 4-Bett-Zimmer (1 Doppelbett + 1 Doppelstockbett); einige mit separaten Bad- oder Duschraum, die anderen haben gemeinsame(n) Etagenwaschraum bzw. –dusche. Alle Zimmer mit Kocher für Kaffee und Tee ausgestattet
- Hotelausstattung: TV-Raum, Speiseraum, Lounge, Lounge Bar, Pub
- Preise (ÜN + Frühstück):
  - ca. 35-55 £ je Person und Nacht
  - 12 £ Extrapauschale, wenn Einzelperson in Doppelzimmer übernachtet
  - ca. 220 – 350 £ je Person und Woche
  - Lunch Paket 5 £ extra
  - Dinner: Preise nach Karte
- Reiseschecks, American Express, Mastercard, Visa, Diners Club & Switch werden akzeptiert

Jura Stores

Craighouse Tel: +44 (0)1496 820 231
Isle of Jura www.jurastores.co.uk
Argyll shop@jurastores.co.uk
PA60 7XS

- Spar Shop mit dem notwendigsten Angebot
- Highlights: Aushang der Jura Übernachtungsmöglichkeiten im Eingangsbereich (Auswahl kann über folgenden Link aufgerufen werden: www.jurastores.co.uk/accomodation.html
- Telefonzelle vorm Shop (an der Straßenseite) nimmt Euro-Münzen an.

Empfohlene Brennereiführungen – Recommended Distillery Tours

In den vorangegangenen Kapiteln habe ich Ihnen die Islay Destillen ein wenig näher gebracht, die Ortschaften und das Drumherum beschrieben. Doch nun ist nicht jedermanns Zeit so großzügig bemessen, dass man allen Hinweisen und Orten folgen kann. Sicherlich, einige Brennereibesuche lassen sich miteinander kombinieren, da es die geographische Nähe zulässt. Andere lassen es langsamer angehen, kommen dafür in Zukunft häufiger aufs Eiland.
Deshalb möchte ich Ihnen nachfolgend ein paar Touren empfehlen, die den Geschmack des einzelnen treffen könnten. Natürlich, das Ranking ist subjektiver Natur, und mein Empfinden muss nicht Ihres sein. Aber die folgend aufgeführten Brennereien und Hinweise finde ich erwähnenswert. Dabei habe ich unterschieden, ob jeweils eine, zwei, drei oder mehrere Distilleries besucht werden möchten:

1 Distillery

<u>The true Islay – Ardbeg</u>
Mit dem Besuch der Ardbeg Distillery können Sie gar nichts falsch machen. Die Destille ist eine von dreien, die sich im Süden der Insel befinden und für das typische Islay – Torf, Rauch, raues Seeklima – bezeichnend sind.
Die Brennerei liegt nur wenige Meilen von Port Ellen entfernt und kann bei gutem Wetter zu Fuß erreicht werden. Für die Bequemeren unter uns gibt es direkt vor der Einfahrt eine Bushaltestelle, die montags bis samstags fünfmal am Tag angefahren wird. Auch ein großzügiger Besucherparkplatz ist verfügbar.
Die Touren sind zwar in Englisch, allerdings wird es langsam und gut verständlich gesprochen. Obwohl der erste Prozess der Whiskyherstellung – Malting – inzwischen ausgegliedert wurde, geht man beim Rundgang auf dieses Thema ein. Am Ende der Führung gibt es den wohlverdienten Dram aus einer

großen Bandbreite. Damit bekommen auch Freunde von weniger rauchigen Whiskys einen eindrucksvollen Geschmack von Islay.

Im Shop darf derjenige, der sich gerne an seinen Besuch erinnern möchte, aus einer großen Palette an Souvenirs auswählen: Kleidung, Whisky, Glaswaren, Bücher. Für Hungrige sei das hauseigene Café „The Old Kiln" empfohlen, dessen Speisen auf der ganzen Insel gerühmt werden.

Einmal komplett – Bowmore

Bowmore gehört zu den wenigen, die auf eigenes Malt vertrauen. Die Tour beginnt mit dem Besuch der Malting Floors, in denen man den Brennerei-Mitarbeitern über die Schulter schauen kann. Gegebenenfalls darf man sogar selbst Hand anlegen, um einen Einblick zu erhalten, was die Menschen dort leisten. In der letzten Etappe des Rundgangs erhält man die Möglichkeit, wahre Schätze zu betrachten. Leider kann man diese nur hinter einer Glasscheibe sehen, andererseits ist das auch verständlich. Am Ende der Tour gibt es einen 12 jährigen Bowmore. Wer gerne weitere Whiskies der Palette verkosten möchte, kann sich weitere Proben an der Bar kaufen.

Im Bowmore Shop kann man neben den hauseigenen Whiskies auch die der Partner erwerben. Daneben gibt es ein beachtliches Angebot an Bowmore Miniaturen. Außerdem besteht die Möglichkeit einige Glas- und Textilwaren zu kaufen. Eine DVD der Whisky-Philosophie bei Bowmore in englischer Sprache, jedoch mit Untertiteln, ist ebenfalls erhältlich.

Bowmore ist die Hauptstadt der Insel. Die Distillery liegt relativ zentral im Ort. Von der Port Ellen Fähranlegestelle sind es ca. 11 Meilen bis zum Touristenbüro, und ein paar Meter weiter ist das Visitor Centre. Vom Flughafen bis nach Bowmore sind es ungefähr 5 Meilen, die man zurücklegen muss. Ein kleiner Parkplatz wurde direkt bei der Brennerei anlegt, der städtische am unterem Ende der Main Street ist etwa 200 Meter entfernt. Die Bushaltestelle für Besucher ohne fahrbaren Untersatz befindet sich am Square bei der Royal Bank of Scotland. Ein Besuch der Distillery lässt sich mit einem Einkauf im Co-op-

Markt, einem Essen in den Restaurants des Ortes oder sonstigen Aktivitäten verbinden.

Whisky einmal anders – Bruichladdich

Wer Whisky pur zu banal oder den Standard Range – 10/12 Jahre, 15/16 Jahre, 18 Jahre etc. – zu langweilig findet, der ist bei Laddie genau richtig. Hier geht man andere, zum Teil mutige Wege. Nicht das Alter, sondern der Geschmack spielt die herausragende Rolle. Whisky mit Wein, stärkster Rauchwhisky oder grenzenlose Vermählung sind nur einige der Kreationen. Das ist Bruch mit Traditionen, mit den Regeln der Herstellungskunst. Nicht ganz, denn das Scotch-Gebot wird nicht verletzt. Es wird nur extrem ausgereizt, was jedoch nicht verboten ist. Und Islay-Traditionen? Bei Bruichladdich arbeitet Jim McEwan als Production Director, Jim The Ileach, der vorher Jahrzehnte bei Bowmore gearbeitet hat und die Koryphäe auf Islay schlechthin ist, was Whisky angeht. Wenn er schon zu Laddie geht, was sollte Sie daran hindern? Machen Sie sich von vorherbestimmten Grenzen frei und gehen Sie völlig neue Wege in der Whiskykunst.

Sanfter Whisky fast privat – Bunnahabhain

Nicht jeder Whiskyfreund, der nach Islay kommt, ist auf der Suche nach torfrauchigen Whiskies mit Seeklima. Manchmal ist es die Stille, die Sanftmut, der Wille nach Ausgeglichenheit. Ruhe, statt Stress, im Urlaub wie bei der Tour.
Da empfiehlt sich besonders Bunnahabhain. Fern ab von der touristischen Route gelegen, allerdings von der Hauptstraße auch. Für Touristen ohne fahrbaren Untersatz ist die Brennerei nur schwerlich zu erreichen. Möglicherweise ein Grund, warum nicht viele Leute die Distillery besuchen. Während der Schultage nimmt der Bus die schmale Straße zur Ansiedlung 2-mal täglich in Angriff, jedoch zu Zeiten, die keinem Whiskyfan wirklich nützen. Es bleibt dann nichts anderes übrig, als von Keills die gut 4 Meilen zu wandern. Glücklicher darf sich derjenige schätzen, der sich mit einem Fahrzeug auf den Weg begibt.

Wie schon erwähnt, viele sind es nicht, die vorbeischauen. Die Wahrscheinlichkeit ist sogar groß, dass man eine private Tour für sich allein hat. Doch das ist keine Garantie. Der Schluck, den man am Ende gereicht bekommt, ist sanft, brennt fast gar nicht, wenn er die Kehle herunter läuft. Warum? Das erfährt man während des Rundganges. Und manchmal ein bisschen mehr. Wann? Wenn Sie eine Frage stellen, zu der Sie sich in großer Gruppe nicht getraut hätten.

2 Distilleries

Ardbeg und Bowmore
Ohne Auto ist es theoretisch möglich, beide Brennereien an einem Tag zu besichtigen. Sie müssen für dieses Vorhaben auch nicht auf Islay übernachten. Nutzen Sie die Frühfähre nach Port Ellen. Fahren Sie sofort nach deren Ankunft mit dem Bus nach Bowmore. Um 11 Uhr können Sie an der Tour dort teilnehmen. Gegen halb zwei geht es zurück und ein kleines Stückchen weiter zur Ardbeg Distillery. Um 15 Uhr die zweite Besichtigung, danach zurück nach Port Ellen und mit der Abendfähre aufs Festland. Und was haben Sie an dem Tag mitgenommen? Stress! Islay ist alles andere als Stress. Deshalb: Lassen Sie sich doch Zeit!
Mit welcher Brennerei Sie anfangen, sei Ihnen überlassen. Vielleicht beginnen Sie mit Ardbeg. Sie erhalten Einblicke in die Whiskykunst in verständlichem Englisch. Entspannen Sie danach bei Kaffee und Kuchen oder bei herzhafter Kost im Old Kiln Café. Am nächsten Tag vertiefen Sie Ihre Kenntnisse in der Destille von Bogh Mòr. Und dürfen eventuell selbst Hand anlegen, was bei Ardbeg nur theoretisch vermittelt wurde – malting process. Abschließend vertreiben Sie sich die Zeit mit den Angeboten, die Islays Hauptstadt noch zu bieten hat. Ohne Hektik, vielleicht sogar ein bisschen zeitverschwenderisch. Damit nehmen Sie ein wenig Islay mit nach Hause.

Altes und neues Islay – Ardbeg & Bruichladdich

Für den Besuch dieser beiden Brennereien benötigen Sie mehr als einen Tag. Selbst mit einem Auto hätten Sie Stress. Und Stress ist im Zusammenhang mit Whisky ein Fremdwort. Belassen Sie es dabei.

Ardbeg steht mit seinen Whiskys für das, was Islay Fans seit jeher lieben: rau, rauchig, ein wenig Seewind. Ardbeg hat Tradition, man sieht es den Gebäuden und der Einrichtung an. Im Gegensatz dazu sprüht Bruichladdich mit Freude und Experimentierlust. Lässt Grenzen verschwinden, neue Eindrücke sammeln. Vielleicht ein Wegbereiter für das zukünftige Islay.

Gegensätze ziehen sich an – Ardbeg & Bunnahabhain

Raue Torfnoten im Süden, ein sanfter Tropfen im Norden. Weiße Gebäude mit pagodenartigen Schornsteinchen gegenüber dominierendes, fast fabriktypisches Grau. Hier Touristenscharen und dort kleine Grüppchen. Die Produktion einerseits fast nur für Malt Whisky, andererseits vorwiegend für Blended Whisky. Im Prinzip könnte jede südliche Distillery im Vergleich mit einer nordöstlichen stehen, doch diese beiden sind es im Besonderen wert, dass man sie besucht. Zwei Destillen, zwei völlig verschiedene Whiskys, jedoch eine Insel: Islay.

3 Distilleries

Islay umfassend – Ardbeg, Bowmore & Bruichladdich

Wer Zeit für drei Brennereien hat, der sollte die genannten aufsuchen. Die meiner Meinung nach beste Tour und das dazugehörige Drumherum bekommt man bei Ardbeg geboten. Doch leider werden nicht mehr alle Prozesse der Herstellung in der Distillery betrieben. Deshalb kann man bei Bowmore seine Kenntnisse vertiefen und speziell im Malting Floor erweitern. Aber nicht zuviel der Traditionen mitnehmen, damit man Platz für Neues und Ungeahntes hat. Und das erhält man bei Laddie.

Mehrere Brennereien

Planen Sie für Ihren Urlaub eine Vielzahl an Islay Distilleries zu besuchen, dann empfehle ich Ihnen einen Zickzack-Kurs. Natürlich, es ist einfacher und zeitsparender, die 3 südlichen und die beiden nordöstlichen Destillen jeweils als Paket, also an einem Tag bzw. an aufeinander folgenden Tagen, zu besuchen. Vielleicht noch Kilchoman und Bruichladdich in einem Abwasch. Für geübte Taster sicherlich kein Problem, die unterschiedlichen Nuancen zwischen den Nachbarn zuerkennen. Für den Neuen bzw. Ungeübten unter Ihnen lässt sich die Vielfalt ähnlicher Geschmacksrichtungen besser herausfinden, wenn man zwischendurch einen anderen Geschmack wahrgenommen hat. Sofern man sein Quartier während des Aufenthaltes auf Islay nicht wechselt, fallen sowieso gleichartige Anfahrtswege mehrmals an. Da spielt es keine Rolle, ob man diese an zwei aufeinander folgenden Tagen oder zweimal innerhalb einer Woche auf sich nimmt. Die Planung eines Hin und Her zwischen den einzelnen Distilleries – von Nord nach Süd und Ost nach West – ist bei den meinen und mir sehr gut angekommen. Ob man nun mit einem Leichtgewicht beginnen sollte oder stattdessen lieber einen Torfigen als Einsteiger vorzieht, richtet sich nach den Vorlieben des Whiskyfans. Unser Programm an 14 Tagen Islay sah wie folgt aus: Bunnahabhain – Laphroaig – Kilchoman – Bowmore – Caol Ila – Ardbeg – Isle of Jura – Bruichladdich – Lagavulin. Dazwischen ein paar freie Tage, um Körper und Geist zu entspannen.

Richtige Aussprache im Whiskygeschäft

Wie oft passiert es, dass man etwas liest und die Bedeutung nicht weiß? Wie oft sieht man ein Wort, deren Aussprache Knoten in die Zunge formt? Und dann spricht man etwas aus, das Fragezeichen in das Gesicht des Gegenübers zaubert. Grund: falsche Betonung, Verwendung von Buchstaben, die zwar im Begriff enthalten sind, jedoch beim Sprechen nicht beachtet werden dürfen.

Beim Whisky nimmt das zum Teil extreme Ausmaße an. Englische Namen, gälische Bezeichnungen, englisch-gälisches Mischmasch. Beispiele gefällig?

Bruichladdich – Distillery auf Islay. Wie spricht man es korrekt aus? Die einen sagen Bruch-lad-dich. So schön ausgesprochen, wie die deutschen Wörter Bruch, lad(en) und dich. Das *i* im ersten Wortteil wird gekonnt verschwiegen. Andere nennen die Brennerei Bruk-lad-die. Aus dem knurrenden *ch* wird *k*, während sich das weiche *ch* von DICH in ein *e* verwandelt. Und wieder ohne *i*. Warum schreibt man es dann im Namen?

Mit den neu gewonnen Erkenntnissen stürzt man sich auf die nächste Destille. Gar nicht so weit entfernt, auf einer Farm gelegen: Kilchoman. Bei der Aussprache sieht man sich ebenfalls drei Wortbestandteilen gegenüber. KIL kommt wahrscheinlich vom gälischen CILL, was soviel wie Kirche heißt. Den Wortschluss MAN darf man getrost Englisch als MEN formulieren. Bliebe noch der Mittelteil CHO. Englisches ch [tsch] wie in church? Kil-tscho-men? Oder doch eher wie bei der Verwendung in Bruichladdich. Mit knurrigem *ch* würde man Kil-cho-men oder Kil-ko-men sagen. Im anderen Fall zu Kil-scho-men bzw. Kileomen tendieren. Und was ist richtig? Gar nix! Das *ch* in Kilchoman spricht man wie ein einfaches *h*, also Kil-ho-men. War doch logisch, oder?

Lassen Sie sich nicht entmutigen, wenn Sie nicht gleich mit der Sprache im Reinen sind. Die Islay Distilleries sind im Vergleich zu anderen Brennereien noch etwas benutzerfreundlicher in Punkto Aussprache. Einen sprachlich exotischen Namen wie Glen Garioch [Glen Giri] (Easter Highlands) werden Sie nicht finden. Laphroaig [La-froyg], den man teilweise auch als La-frog vernimmt, Kilchoman oder Bunnahabhain [Bunnaheewin oder Bunnahavin] sind die wenigen, wahren Stolpersteine im Whiskynebel der Insel. Die Schwierigkeit bei der nördlichsten der Islay Destillen besteht darin, das gälische *bh* als *w / v* zu lesen. Dass das folgende a weggelassen wird, ist Zugabe. Überhaupt findet man bei der Namensgebung viele gälische Ausdrücke. Teilweise sind die Namen historischen Ursprungs und sagen mit einem Wort, wofür sonst eine ganze Umschreibung herhalten müsste: Laphroaig = the beautiful hollow by the broad bay. Andererseits ist Gälisch in letzter Zeit wieder modern geworden. Der schnöde, englische Begriff muss in das mystische Gälisch umgewandelt werden: friendship ⇨ Càirdeas [Còrdjas oder so ähnlich]. Pflege von Traditionen oder Rätselspaß für Sprachunkundige?

Glücklicherweise gibt es auf Islay auch einige Brennereien, die von den Bezeichnungen her, (fast) keine sprachlichen Probleme bereiten sollten: Ardbeg [Ardbeg], Bowmore [Bomor], Lagavulin [Lagavulin, *v* wie in Vase] und Caol Ila [Kol Iela *od.* Kall Eila]. Nur innerhalb der Produktpalette könnte der ein oder andere unaussprechliche, gälische Vertreter auftauchen: Uigeadail [Ugadaal], Airigh Nam Beist [Arri Nam Baischt] und Corryvreckan [???].

Verzweifeln Sie nicht, wenn Sie sich einen Dram mit unaussprechlichem Whisky genehmigen wollen. Zeigen Sie notfalls mit dem Finger auf die Flasche. Der Barkeeper im Pub wird schon einen Namen nennen. Und vielleicht, nach dem einen Gläschen zu viel, sprechen Sie perfekt den Namen aus.

In der Herstellung von Whisky wird man hin und wieder mit einigen Fachbegriffen konfrontiert. Ein Laie würde das als Fachchinesisch beiseite schieben, Hauptsache der Tropfen schmeckt. Doch der Interessierte möchte gern mehr erfahren. Was versteht man unter diesem und jenem. Im Glossar des Buches werden einige Bezeichnungen kurz erklärt, um den Herstellungsprozess verständlicher zu gestalten. Die Erläuterungen ersetzen jedoch nicht den Besuch einer Distillery, sondern sind vielmehr als ergänzende Informationen anzusehen.

Traumhafte Strände

Islay ist rau, schroff, ungehobelt. Die Wellen des Atlantiks klat-
schen an die felsige Küste, Wind und Regen peitschen über
das Eiland. Erwärmend ist nur der Schluck Whisky, den man
vorm torfigen Kaminfeuer genießt. Dafür ist er ja gedacht, und
die Innere Hebrideninsel als Ort wie gemacht.
Können Sie sich Islay auch anders vorstellen? Und zwar nicht
erst, nachdem der Whisky Ihre Kehle hinunter rann. Schließen
Sie die Augen. Denken Sie an Meer, an glitzerndes Wasser,
an das sanfte Rauschen der Wellen. Sie atmen die frische Brise genüsslich ein und aus. Sie fallen, doch Sie fallen weich,
denn der feine Sand fängt Sie auf. Von irgendwo her dringt
eine kleine Melodie an Ihr Ohr. Aber es sind keine Klänge, die
Sie an die Südsee oder an Hawaii erinnern lassen. Verwirrt
öffnen Sie die Augen und Sie sehen, was Sie kaum glauben
können: Sie sind auf Islay. Die Laute, die Sie wahrgenommen
haben, sind das Mäh der Schafe, die nicht weit von Ihnen grasen. Sie selbst liegen auf einem lang gestreckten Strand mit
Sand soweit das Auge reicht. Sie verspüren den Drang, ins
Wasser zu rennen und zu baden. Und voller Eifer sprinten Sie
los, aber werden nach ein paar Meter im Nass jäh gestoppt.
Es ist kalt, sogar saukalt. Auf der Stelle kehrt und nur noch
raus. Südsee? Definitiv nicht! Die letzten Zweifel schieben Sie
beiseite. Wo Sie sind, wissen Sie jetzt genau: das ist Islay.
Nun kann man überlegen, was man macht. Wagt man es ein
zweites Mal, ins Wasser zu laufen. Aber es ist doch so kalt,
andererseits lockt es mit seinem verführerischen Glitzern. Es
lohnt sich, der Lust nachzugeben, auch wenn der Kopf vielleicht dagegen ist. Doch man muss rennen bis man ins Wasser fällt. Wer während des Laufens zögert, hat schon verloren.
Kaum ist der Körper vollständig vom Nass umhüllt, schaltet
man den Turbo an: Bewegen, was das Zeug hält. Sehr lange
kann man nicht schwimmen, überall spürt man die Kälte und
fürchtet Erfrierungen. Voller Eile paddelt man ans Ufer, um
sich aufzuwärmen. Wind, der deutlich wärmer als das Wasser
ist, haucht einen an. Das Gefühl ist so angenehm, dass man

auf das Trockenrubbeln mit dem Handtuch verzichtet, stattdessen sich lieber lufttrocknen lässt. Man legt sich wieder in den Sand, schließt die Augen und glaubt, man ist an karibischen Orten. Wären da nicht die Schafe, die im Hintergrund ihr Määäh rufen.

Solche Strände gibt es nicht auf Islay? Doch! Die meiner Ansicht nach schönsten werde ich hier nennen:

Laggan Bay

Dieser Sandstrand ist der längste auf Islay. Nahezu 5 Meilen erstreckt er sich am türkisblauen Wasser der Bucht. Um die Größe des gesamten Strandes besser einordnen zu können, stellt man sich vor, dass alle Bewohner von Islay an einem Tag diesen Uferstrich bevölkern. Selbst dann gibt es noch genügend persönlichen Platz, den man seiner Entspannung widmen kann. Im Süden befindet sich die Kintra Farm, die Cottages sowie einen Campingplatz besitzt. Aber auch reine Strandbesucher können ihr Fahrzeug auf dem Gelände abstellen. Kaum 100 Meter weiter beginnt der Sandstreifen, der flach ins Meer hineinführt. Unterbrochen wird der Strand in seiner Ausdehnung von einem kurzen, felsigen Abschnitt. In der Nähe befindet sich der lokale Flughafen von Islay. Doch um seine Ruhe muss man trotzdem nicht fürchten, da sich der Flugverkehr in Grenzen hält. Aber vielleicht ist es genau das, was einige mögen. Während man im Sand liegt, schweben Flugzeuge in geringer Höhe über einem. Nervenkitzel sozusagen. Auf dem restlichen Stück wird es wieder ruhig und sandig weich.

Um an den Strand der Laggan Bay zu gelangen, gibt es drei Zufahrten. Eine ist die bereits erwähnte Anfahrt zur Kintra Farm. Von Port Ellen fährt man zunächst in Richtung Mull of Oa. Nach etwa 1 Kilometer zweigt die Straße zur Südspitze Islays nach links ab. Doch Besucher der Farm und des angrenzenden Ufers sollten dem Fahrweg geradeaus folgen. Noch ungefähr 3-4 Kilometer sind zurückzulegen bis man ans Ziel sandiger Träume gelangt. Die zweite Zufahrt ist in der Nähe des lokalen Flugplatzes. Immer an dessen Gelände entlang, erreicht man den Strand nach 1-2 Kilometern. Die letzte Anfahrt muss man vom Norden angehen. Anfangs folgt man der A846 von Bowmore Richtung Port Ellen. Unmittelbar hinter der Brücke des Laggan River zweigt eine kleine Straße nach Südwesten ab. Dieser folgt man für die nächsten zwei Kilometer bis zu deren Ende. Von da sind es nur noch ein paar Meter bis ans Meer. Natürlich kann man auch zum Strand laufen. Bedenken Sie jedoch, dass alle Wege über Straßen führen, die zum Teil stark befahren werden. Außerdem sollten Sie berücksichtigen, dass Hin- und Rückweg kleine Wanderungen im Umfang von ca. 10 Kilometern ergeben können.

Kilnaughton Bay

Klein, aber fein. Vielleicht 300 Meter, die die Ausläufer der Bucht mit Sand bedecken. Das Ufer wird von einem Bachlauf unterbrochen. Trockenen Fußes und ohne Sprungeskraft kann dieser nur auf der Straße etwas oberhalb des Strandes überquert werden. Ansonsten Schuhe aus und die erste Kostprobe der Wassertemperatur erfühlen. Oder man begrenzt sich eben auf eine Hälfte.

Von der Kilnaughton Bay hat man einen hervorragenden Blick auf Port Ellen. Besonders in den Abendstunden, wenn die einzelnen Lichter des Ortes aufflammen, möchte man sein Wohnzimmer an den Strand verlegen. Mit einem Glas Whisky in der Hand beobachtet man sitzend die Wirkung der untergehenden Sonne auf die Hafensiedlung. Möwen schweben einzeln und in Formationen über dem Meer. Landen, schwimmen, fliegen hoch und schweben. Das Wasser plätschert sanft an das Ufer, befeuchtet den Sand und zieht sich zurück. Das ist Genuss, das ist Erholung. So wünscht man sich den Ausklang eines jeden Tages.

Die Bucht erreicht man über die Straße zum Mull of Oa. An der Kreuzung, wo der Fahrweg geradeaus zur Kintra Farm führt, hält man sich links. Nach einem kleinen Wäldchen befindet sich auf der linken Seite ein Viehgatter. Ob motorisiert oder per pedes einfach öffnen, passieren, danach wieder schließen. Von der Straße bis ans sandige Vergnügen sind es schätzungsweise 300-400 Meter – weiter auf keinen Fall. Wir sind immer von unserem Cottage in Port Ellen gelaufen. Vielleicht ist es ein Kilometer, eventuell zwei. Für maximal 4 Kilometer Hin- und Rückweg muss man jedoch nicht unbedingt fahren.

Machir Bay

Der Strand liegt im Nordwesten der Insel. Er ist gar nicht so weit von der Kilchoman Distillery entfernt. Und das ist auch sein Problem. Wenn einem das Wandern nicht so liegt, muss man Teile des Weges fahrend bewältigen. Mit einem kurzen Spaziergang, wie es bei der Kilnaughton Bay oder eventuell noch bei der Laggan Bay vorstellbar ist, kommt man hier nicht weit. Selbst gestandene Wandersleut müssen mit einer großen Runde von etwa 20 Kilometern rechnen. Möglicher Startpunkt ist die A847 in Port Charlotte. Von dort nimmt man die kleine Fahrstraße in Richtung der Tormisdale Farm. Da, wo die Landstraße das Meer fast berühren möchte, sich jedoch in einen Bogen nach Süden wendet, zweigt ein Weg nach Norden ab, der auf die Hügelkette zusteuert. Anfangs ist er noch breit, aber er ändert seine Form zunehmend zum Trampelpfad. Folgt man diesem hat man den Strand nach etwa einem Kilometer erreicht. Zurück geht es die Straße entlang, die bei der Anfahrt zur Kilchoman Distillery beschrieben wurde. Ungefähr 2-3 Kilometer nordöstlich von Bruichladdich stößt man wieder auf die A847.

Die bequeme Alternative stellt das Auto dar. Man kann relativ weit an den Strand heranfahren. Doch da, wo der Weg endet, ist für mehr als 5 Fahrzeuge kein Platz. Die letzten Meter zum Tràigh Machir geht man durch die Dünung.

Aufgrund der unmittelbaren Nähe zur Rockside Farm tauchen häufig deren Besucher am Strand auf. Sei es, weil sie wissen möchten, wohin die Straße noch führen mag, oder weil sie sich hierher verirrt haben. Daher könnte die Machir Bay von Touristen stärker bevölkert werden. Wer dagegen ein ruhiges Fleckchen ohne viel Drumherum bevorzugt, der sollte unbedingt zur Saligo Bay weiterfahren.

Saligo Bay

Der Strand der Saligo Bay befindet sich ungefähr drei Kilometer nördlich der Machir Bay. Am besten erreicht man das Sandidyll, indem man der kleinen Straße von der Rockside Farm Richtung Machir Bay folgt, jedoch bei der ersten Möglichkeit nach rechts abbiegt. Dort, wo die Straße einen scharfen Rechtsknick macht, lässt man das Fahrzeug an der Fahrbahnseite stehen. Zwei Gebäude stehen in unmittelbarer Nähe und geben dem Flecken den Namen – Saligo. Als nächstes überquert man die Wiese zum Meer, dann noch einen kleinen Hang hinunter und man steht auf feinen Sand. Sehr lang ist der Strand nicht und viele felsige Brocken liegen in der näheren Umgebung. Beim Schwimmen sollte man deshalb darauf achten, das man dem schroffen Gestein nicht zu nahe kommt. Doch für Sonnenanbeter ist das Ufer paradiesisch. Raus aus den Klamotten, sich fallen lassen und die Beine von sich strecken. Ruhe, nahezu himmlisch, höchstens das Rauschen der Wellen, die sich am Gestein brechen. Und kein Geschrei oder touristisches Quasseln, das den Mittagsschlaf stören könnte.

Kintra Farm

Kintra Farm
Port Ellen
Isle of Islay
PA42 7AT

Tel.: +44 (0)1496 302 051
www.kintrafarm.co.uk
margaretanne@kintrafarm.co.uk

- *Lage: ca. 4 Meilen von Port Ellen entfernt. An den Port Ellen Maltings links in Richtung Mull of Oa abbiegen und dann immer geradeaus fahren.*
- *Bed & Breakfast: 1 Familienzimmer, 1 2-Bett-Zimmer, 1 Doppelbettzimmer, jeweils mit Teezubereiter*
- *Cottages (Personen): Traigh (4-6), Muran (4), Sgeir (6); Küche jeweils mit Herd, Mikrowelle, Geschirrspüler und Kühlschrank, Bad mit Dusche, Wohnzimmer mit Sofa*
- *Camping, Caravaning: bei der Farm, direkt an der Laggan Bay mit zentralen Häuschen für WC, Behinderten WC, Dusche und Waschgelegenheit*
- *Deutsch und Französisch wird auch verstanden.*

The Ileach – Islay's Bewohner

Den Charme von Islay versprühen nicht nur die mit Whisky-aroma bereicherte Luft, sondern auch seine Bewohner. Dabei ist es kaum möglich auf jeden im Einzelnen einzugehen. Vielmehr sollen hier die wichtigsten genannt werden, diejenigen, mit denen man unweigerlich in Kontakt kommen kann.
Auf die erste Gruppierung passen zwei gegensätzliche Behauptungen: riesig und winzig. Diese ist in ihrer Körpergröße so klein, dass sie mit Obstfliegen konkurrieren können. Doch statt vereinzelt bzw. in kleinen Gruppen umherzuschweifen, konzentrieren sie ihre Angriffe in großen Schwärmen. Das haben sie mit ihren größeren Artgenossen gemein. Die Rede ist von Mitchies. Der im Englischen Bewanderte sieht sofort die Wortähnlichkeit zu Mitches – zu Deutsch Mücken. Die Verniedlichung basiert nicht darauf, dass diese Art besonders süß oder gar harmlos ist. Nein, Mitchies sind hinterhältig, lästig und sehr, sehr gefräßig. Ein Beispiel zur Kampftaktik des Insekts. Wie erwähnt, treten die Tierchen in Schwärmen auf und überall da wo man es nicht vermuten mag. In unserem Fall auf dem Parkplatz vor unserem Haus. Schon während man das Fahrzeug in die endgültige Haltestellung rangiert, formiert sich das Kampfgeschwader an der möglichen Öffnung, wo menschliche Wesen die Blechkarosse verlassen könnten. Warten, dass sie sich verziehen, ist die eine Variante. Doch Mitchies sind ausdauernd. Und gehen die einen, kommen die nächsten. Augen zu und durch – die andere Möglichkeit. Nun schmerzen die Stiche überhaupt nicht, in den meisten Fällen bekommt man den Saugvorgang erst gar nicht mit. Nur hinterher gibt es viele rote Flecken und Schwellungen, die in ihrer Größe den einheimischen Mückenstichen in nichts nachstehen. Und wenn es damit nicht schon genug wäre, juckt es immens. Man möchte sich überall nur noch kratzen, was das Ganze jedoch verschlimmert. Schützen? Schwerlich möglich. Die einzige echte Alternative ist das vorherige Einbalsamieren mit Mückenabwehrstoffen. Aber nicht mal so eben kurz mit der Spraydose herumsprühen und dann hindurch laufen. Wenn

schon, dann richtig. Falls Sie doch einmal am nächsten Morgen als geflecktes Wesen erwachen, fragen Sie sich, ob man nicht etwas zu sparsam mit Antimückenstoffen umgegangen ist. Trifft das nicht zu, dann ist es wohl doch eine Hautreizung oder Allergie.

Die nächsten Bewohner gehen auf zwei Beinen. Besser gesagt, sie schreiten. Manchmal hopsen sie auch, was sehr witzig aussieht. Am meisten sitzen sie jedoch auf Bäumen und scheißen. Ja natürlich, Krächzen und Herumflattern gehören auch zu ihrem Repertoire. Aber das Abspritzen von weißen Fladen haben sie zur Perfektion gemacht. So eine Art Hobby – Zielscheißen. Nahezu zwei Drittel aller britischen Krähen verbringen ihre Zeit auf Islay. Ein großer Teil der schwarzen Vögel versammelte sich jeden Abend in den Bäumen hinter unserem Cottage. Man braucht jetzt keine Angst zu haben, dass es zu Szenen wie in Hitchcocks Klassiker „Die Vögel" kommt. Nur ihre Wurfgeschosse sind beängstigend, in erster Linie für den Autolack. Was hatten wir nicht alles versucht: Das Auto stand links, nächster Tag vereinzelter Vogelkot. Einen Tag später – wenige, freie Lackstellen. Wir stellten das Fahrzeug in die Mitte, doch zwei, drei Nächte später war es überwiegend mit Kot bombardiert. Dann stand der Wagen rechts, das Ergebnis war ähnlich dem der Vortage: Einen Tag zum Einschießen, danach Zielen in Perfektion. So wechselten sich Standorte, Beschuss und Säuberungen in regelmäßigen Intervallen ab.

Schwarz kommt auch bei der dritten Bevölkerungsgruppe vor, doch diese ist vergleichsweise harmlos. Natürlich, reizen sollte man sie nicht, denn der Kontakt mit ihren spitzen Hörnern könnte nicht ganz schmerzfrei bleiben. Schafe trifft man auf Islay fast überall an. Selbst an kaum begrünten Felswänden und 5 Meter über dem Meer darf man mit dem zottigen Wollknäuel rechnen. Im Gegensatz zum deutschen Schaf haben die weiblichen Tiere ebenso beachtliche Korkenzieher vorzuweisen wie ihre männlichen Begleiter. Die Einstufung als Schafsbock fällt bei der entfernten Betrachtung schon schwerer. Obwohl der überwiegende Teil eine weiße Weste hat, ist der Kopf häufig schwarz, einige haben sogar schwarze Beine.

Das komplett schwarze Schaf kann man auf Islay auch antreffen, doch seiner sprichwörtlichen Bedeutung entspricht das Tierchen nur selten, wenn überhaupt. Besonders vorsichtig sollte der Fahrzeuglenker während der Lämmer-Zeit sein. Zwei Schäflein sind so in das miteinander Herumtollen vertieft, dass sie gar nicht bemerken, dass sie auf die dicht befahrene Hauptstraße gesprintet sind. Das Mutterschaf blökt erschrocken auf der Wiese, der Autofahrer tritt emsig auf die Klötzer. Die Nachfolgenden tun es ihm gleich. Welch Wunder, die Lämmer haben überlebt, die Autos auch und das Mutterschaf braucht einen Herzinfarkt nicht zu fürchten. Stattdessen normalisiert sich die Szenerie: die Autos fahren weiter, während die tierischen Teilnehmer gemütlich am saftig grünen Gras zupfen.

Einfach auf die Straße latschen, das können auch andere. Ganz bewusst und ohne Rücksicht auf Verluste. Nur vom Willen geleitet, auf die andere Straßenseite zu kommen. Das Ganze passiert jedoch nicht irgendwie zufällig, sondern hat System. Der Leitbulle stellt sich mitten auf die Fahrbahn, betrachtet argwöhnisch, was die Blechkarossen vorhaben. Bewegt sich eine, wird sich ihr mutig in den Weg gestellt. Währenddessen trabt eine Kuh nach der anderen über die Straße. Gemütlich, bedächtig, nicht unbedingt den kürzesten Weg suchend. Manche sind sich unschlüssig, wissen nicht, ob sie nun hinübergehen sollen oder nicht. Vielleicht zaghaft bewegend, jedoch nicht ängstlich, verharren sie manchmal da, wo sie gerade stehen. Dem Fahrzeuglenker bleibt nichts anderes übrig, gleiches zu tun und Ruhe zu bewahren. Hupen bringt gar nichts, macht den „Aufpasser" nur noch argwöhnischer. Und ewig dauert es auch nicht. Zehn Minuten, 15 Minuten – je nach Lust und Laune der Kühe.

Ansonsten kommen einem die gescheckten Vierbeiner sehr bekannt vor. Wer sich auf urwüchsige, schottische Zottelviecher freut, sieht sich etwas enttäuscht. Islay ist Schottland, aber kein Hochland. Die Inselkühe erinnern eher an heimische Artgenossen, auch das Muh klingt wenig fremdländisch. Vom gemütlich anmutenden Hochlandrindvieh gibt es nur einige wenige Exemplare auf der Insel. Wer diese Rasse vermehrt betrachten möchte, sollte wohl doch besser in die Highlands reisen.

Nicht extra ins Hochland muss derjenige fahren, der gern Damwild beobachtet. Hirsche, richtige Prachtexemplare latschen auch mal gern über die Straße. Allerdings nur im Osten der Insel, in der Nähe der Kildalton Church. Ob hier das Damwild explizit gezüchtet wird, lässt sich wegen der Kürze der Betrachtung nicht sagen. Irgendwelches Gezäun war jedenfalls nicht sichtbar. Andererseits, dass bei einer Zucht die Tiere wild über den Fahrweg springen, kann man sich ebenfalls nur schwer vorstellen. Und laut Aussagen von älterer Literatur waren die Red Deer schon immer in der Gegend um Tallant heimisch. Vielleicht sind sie den Menschen als Nachbarn gewohnt, denn beim Herannahen mit dem Auto springen die nicht gleich weg, wie deutsches Wild. Man kann sogar stehen bleiben und die Szenerie beobachten. Mal fressen, dann nach links schauen, zwei Schritte vorwärts und wieder fressen. Nur die Fahrzeugtür sollte geschlossen bleiben, sonst wird es den Tieren doch zu unheimlich und sie springen von dannen.

Das machen andere Tiere auch so. Damit wäre ich wieder bei den Schafen. Falls Sie das ungebremste Verlangen haben, ein Tier anzufassen, dann ist das kaum möglich. In den meisten Fällen rennt es einfach weg. Nur in der Zeit der Lämmer könnte es Konfrontationen geben. Dann wird sich mutig in den Weg gestellt und die Hörner drohend gesenkt. Fährt man stattdessen auf einer Straße, z.B. vom Typ B, kann man fasst die Wolle ergreifen. Neben der Fahrbahn war ein kleiner Hügel, auf dem 2 Schafe, ein Mutterschaf mit einem Jungtier, graskauend lagen. Ich ließ die Scheibe des Wagens hinabsausen, dem Mutterschaf juckte das überhaupt nicht. Es kaute weiter auf dem Grashalm herum. Die Szene lässt sich schnell beschreiben: Das Auto auf dem Fahrweg und der Hügel mit den Schafen. Dazwischen mag ein, maximal zwei Meter Platz gewesen sein. Und letztlich zwei, die sich doof angafften: ich aus dem Auto, das Mutterschaf vom Hügel herunter.

Nicht weniger treudoof verhalten sich die Ziegen auf Islay. Kein Wunder, die sind ja irgendwie mit Schafen verwandt. Meckere die an, vielleicht erhält man Antwort. Und kann Beziehungen knüpfen. Doch man muss sie schon suchen. Während unseres Aufenthaltes hatten einige der Geißen ihr Fressrevier in der Nähe des American Monument. Auch sie hatten vor kurzer Zeit geworfen, was sie bei allzu starker Annäherung aggressiv machte. In den meisten Fällen suchten sie jedoch das Weite, mal zaghaft bestimmt, mal sprunghaft ungestüm.

Auf eine Bewohnergruppe bin ich bisher noch gar nicht eingegangen. Dabei ist sie eine der wichtigsten der Insel. Sorgt sie doch dafür, dass wir Whisky genießen können. Die Menschen auf Islay sind von besonderem Schlag. Höflich, hilfsbereit, jedoch nicht aufdringlich. Manchmal ein bisschen rückständig in ihren Ansichten, aber mit Erfahrung bereichert. Die moderne Technik hält ganz langsam Einzug in den Alltag, doch in einigen Gebieten, wird sie regelrecht verflucht. Tradition. Handarbeit, Know How und Zeit, mehr braucht es nicht. Natürlich, computergesteuerte Technik könnte Prozesse beschleunigen, doch wofür? Whisky braucht Zeit. Alkohol braucht Zeit. Malz braucht Zeit. Der Torf für den Rauch brauchte ebenfalls Zeit. Und Zeit gibt es auf der Insel genug. Das Gefühl für Zeit überträgt sich auch auf die Mentalität der Menschen von Islay. Alles, was sie angehen, erledigen sie mit bedächtiger Ruhe. In der Ruhe liegt die Kraft und der Erfolg, der Whisky macht es vor. Technik kann versagen, jahrelange Erfahrung nicht. Und irgendwo bewahrheitet sich die Behauptung: Gib einem Ileach eine Aufgabe, und gib ihm Zeit. Er wird sie erledigen. Vielleicht nicht heute oder morgen. Vielleicht erst in 14 Tagen oder in einem Vierteljahr. Aber er wird sie erledigen. Und er wird sie gut erfüllen.

Die Islay-Menschen sind entspannt. Nun kann man das als Urlauber für 2 Wochen kaum beurteilen, aber sie treten locker miteinander auf. Kein Stress, keine Hektik, die die Stadtmenschen nur zu gerne verbreiten, bringt sie aus der Reserve. Im Gegenteil, man hilft sich. Stoppt schon mal das Auto und bietet dieses als Mitfahrgelegenheit an, obwohl man selbst den Daumen nicht draußen hatte. Uns ist das mindestens dreimal so ergangen, aber wir lehnten dankend ab. Das Wetter war optimal zum Laufen. Auf Islay ist alles familiär. Man winkt sich zu, wenn man sich begegnet. Ob bekannt oder nicht, spielt keine Rolle. Ob zu Fuß, auf dem Fahrrad oder im Auto, ob als Busfahrer oder LKW-Lenker – überall wird mit dem "Islay-Wave" gegrüßt. Wer nicht winkt, outet sich automatisch als Insel-Externer. Mit der Zeit ist das Winken ein automatischer Reflex, der beim Verlassen der Insel und dem folgenden Fahren auf dem Mainland für fragende Gesichter sorgt.

Die Ileach helfen auch gerne aus fragwürdigen Situationen. Als wir das erste Mal zur Islay Ales Brewery fuhren, ahnten wir, dass wir für einen Besuch zu spät kommen würden. Waren wir doch deutlich mehr als eine halbe Stunde nach der Öffnungszeit vor Ort. Einfach Simsalabim und die Türklinke herunterdrücken würde wohl kaum helfen, wir taten es trotzdem. Wie erstaunten wir, als die Tür aufsprang. Mit überraschten Gesichtsausdruck und einigen englischen Worten gaben wir unsere Verwunderung preis. Darauf reagierte der Eigentümer, Paul Hathaway, mit der natürlichsten aller Antworten: ‚Weil ich noch nicht abgeschlossen habe.' Aha. Klar, irgendwie logisch. Er schloss dann nicht sofort ab, sondern lud uns ein, eine Kostprobe dreier Ales zu nehmen. Und wir blieben für geschätzte 30 Minuten. Am Ende schloss Paul die Brauerei gut eine anderthalb Stunde nach der tatsächlichen Schließzeit. Wie im eben gezeigten Beispiel bieten die Inselbewohner gerne etwas an. Eine Verkostung von Ale hier, eine Tour durch die alte Mühle da. Gefragt hat keiner, genossen haben wir es alle. Und Öffnungszeiten nehmen nur die wenigsten genau. Ist die Tür noch offen, ist auch der Laden offen. Wie bei Elizabeth Sykes Batiks Shop. Eigentlich war seit 5 Uhr nachmittags Feierabend, und der große Zeiger stand schon in der zweiten Hälfte der sechsten Stunde, doch die Tür stand weit offen. Wir standen davor, zögerten, ob wir eintreten sollten. Elizabeth winkte uns herein, wir könnten uns ruhig umschauen. Und ruhig war wörtlich zu nehmen. Ohne Stress die Auslagen betrachten, egal ob wir etwas kaufen würden oder nicht.

Bei all dem erlebten, positiven Umgang mit der Inselbevölkerung darf unser Cottage Keeper nicht unerwähnt bleiben. Er gab uns nützliche Tipps, um unseren Urlaub so angenehm wie irgendwie möglich zu gestalten.

Wer Islay besuchen möchte, der sollte es nicht nur wegen des Whiskys tun, sondern auch wegen der Ileach. Sie sind es auf jeden Fall wert!

The Royal Society for the Protection of Birds (RSPB)

Loch Gruinart Reservation

Informationen: www.rspb.org.uk/reserves/guide/l/lochgruinart
Kontakt: loch.gruinart@rspb.org.uk
Tel.: +44 (0)1496 850 505

- Lage: Im Norden von Islay, an den Ausläufern des Loch Gruinart. Mit dem Bus nicht direkt erreichbar, die nächste Bushaltestelle ist ca. 3 Meilen entfernt. Bei Wanderung von Bridgend sind ungefähr 6 Meilen für eine Strecke einzukalkulieren. Aus dem Süden oder dem Osten kommend, biegt man in Bridgend auf die A847 Richtung Portnahaven ab. Beim nächsten Abzweig (B8018) fährt man rechts und folgt der schmalen Straße in den Norden. Ungefähr 3 Meilen sind von der Hauptstraße bis zur Reservation zurückzulegen. Von Bruichladdich oder westlicher kommend folgt man der A847 bis zum Abzweig der B8010 und fährt diese bis zum Loch Gruinart.
- Eintritt frei, Spenden willkommen
- Was kann man beobachten?
  - Herbst: Ankunft von Bless- und Weißwangengänsen aus Grönland
  - Frühjahr: Schnepfen, Rotschenkel, Großer Brachvogel
  - Sommer: Wachtelkönig, Gold- bzw. Steinadler
- Wie kann man die Vögel beobachten?
  - Beobachtungszentrum
  - Aus dem Fahrzeug neben der Straße

The Oa Reservation

Informationen: www.rspb.org.uk/reserves/guide/t/theoa
Kontakt: the.oa@rspb.org.uk
Tel.: +44 (0)1496 300 118

- Lage: Äußerster Südwesten von Islay. Kann ebenfalls mit dem Bus nicht erreicht werden. An den Port Ellen Maltings biegt man in Port Ellen auf die Straße zum Mull of Oa und folgt dieser bis zum Ende (ungefähr 3 Meilen).

- *Eintritt frei, Spenden willkommen*
- *Felsige Küste, offenes Moorland*
- *Geführte Touren von Mai bis September, 2x je Monat*
- *Spezies: Alpenkrähe, Wachtelkönig, Kornweihe, evtl. Steinadler*

ILEACH – Zeitung für Islay, Jura und deren Besucher

Informationen:	www.ileach.co.uk
Kontakt:	ileach@ileach.co.uk
	Tel.: +44 (0)1496 810 355

- *Enthält lokale Informationen und Angebote zu den Inseln*
- *Erscheint im 2-Wochen-Rhythmus jeweils zum Samstag*
- *Vertrieb: in den meisten Inselshops, Islay Tourist Information, auf der Fähre*
- *Kosten: ca. 0,80 £*

Visitors Welcome Evening

- *Informationsveranstaltung für alle Besucher von Islay*
- *Präsentation der Insel: Geographie, Flora & Fauna, Geschichte*
- *Aufgelockert durch Darbietungen von lokalen Künstlern: Tanz, Instrumental- und Liedmusik*
- *Veranstaltung wird mit einem Dram Islay Single Malt Whisky abgerundet.*
- *Eintritt frei*
- *Veranstaltungstag: jeweils montags*
- *Veranstaltungsort: wechselt von Woche zu Woche, der Willkommensabend findet in Islays Brennereien, beim RSPB Loch Gruinart oder in anderen Einrichtungen der Insel statt.*
- *Der entsprechende Veranstaltungsort und die Zeit kann über die Druckausgabe oder den Internetauftritt des ILEACH herausgefunden werden bzw. kann man bei der Tourist Information in Bowmore erfragen.*

Überfahrten

Islay ist eine Insel. Nicht nur der Whisky hat Sonderstatus im Reigen der Regionen, auch geographisch existiert eine kleine Barriere zwischen Eiland und Mainland. Kein Grund, um daraus ein immenses Problem zu machen, gibt es doch das ein oder andere für die Bewältigung der Wasserfläche. Das einfachste, schnellste und bequemste ist natürlich das Fliegen. Sofern man nicht unter Flugangst leidet, steigt man bei Glasgow in luftige Höhen auf und sinkt an Islays Westseite hernieder. Nun ist jedoch das Herumschaukeln in kleineren Flugzeugen nicht jedermanns Geschmack; das Herumwiegen auf den Wellen mehr bevorzugt als das Schweben über den Wolken. Auch kann man nicht jederart Fahrzeug ins Flugzeug stopfen, um damit später auf der Insel herumzukurven. Ein Glück, dass es Gesellschaften gibt, die mit Hilfe von Schiffen Verbindungen schaffen.

Die Fähre nach Islay wird von Caledonian MacBrayne betrieben. Wer schon einige Erfahrungen mit Wasserüberfahrten gemacht hat, weiß, es gibt solche und solche. Die einen sind wuchtig, groß, kantig, nur für den Zweck, mit einer Fahrt viel Masse zu transportieren. Derartige Schiffe fahren meistens nur einmal am Tag, die Zeit des Transports inklusive Be-/Entladung lässt mehrere Fahrten kaum zu. Diese Pötte sollten dann wenigstens ausgelastet sein, eine Frage der Wirtschaftlichkeit. Ansturm am Fährterminal ist nur von den reservierten Plätzen zu erwarten und die haben zu einer bestimmten Zeit vor Ort zu sein. Natürlich, man kann sich mal auf Gutglück dazustellen, aber eine Garantie für die Mitnahme gibt es nicht. Sind alle wartenden Vorbucher an Bord und die Fähre ist voll, dann ist sie voll. Reine Passagiere haben es da etwas einfacher, denn das Schiff wird wegen einer Person mehr nicht gleich untergehen. Aber der Platz für Fahrzeuge auf dem Parkdeck ist beschränkt und nicht erweiterbar. Da hilft kein Zetern oder Herumfluchen, sondern nur Zeit und Glück für die nächste Fahrt. Oder eine Vorausbuchung für einen Platz.

Die anderen Fähren sind sehr klein. Würden die Schiffe noch rot, rosa oder himmelblau bestrichen werden, könnte man fast sagen, die Kähne wären niedlich. Mit drei, vier Fahrzeugen auf der Ladefläche bewältigt das Boot die Überquerung in kurzer Zeit. Es gibt natürlich einen Fahrplan, aber beim übergroßen Andrang bestimmt der Kunde und nicht das Papier.

Als wir uns für Islay festlegten, stand außer Frage, dass wir die Fähre nutzen. Gut 2 Stunden und ein paar wenige Minuten dazu schippert der Kahn gen Westen. Dann eine Kurve nach Norden und das Schiff berührt Inselland. Raus, rein und zurück zum Mainland. Und wieder von vorn. Kein Problem, um mitgenommen zu werden. Ein Problem, ein bestimmtes Schiff zu nutzen. Besonders am Samstag. Wochenweise Aufenthalte auf Islay beginnen und enden am Sonnabend. Die einen wollen runter, die anderen möchten rauf. Ausnahmen gibt es sicherlich, doch die treten eher selten auf. Man muss sich an den Rhythmus anpassen, möchte man investiertes Übernachtungsgeld komplett ausnutzen. Das heißt, eine Alternative zur Samstagsreise gab es für uns nicht, unser Pech. Doch so schwer stellten wir uns das Ganze auch nicht vor: die letzte Fähre zur Insel, das erste Schiff von Port Ellen – so viel Nachfrage kann es da eigentlich nicht geben. Vor allem, wenn man bedenkt, dass am Tag unserer Abreise das Islay Festival begann. Da können doch nicht viele die Insel verlassen? Doch, sie können und sie werden!

Bei unserer Buchung etwa einen Monat vor Antritt der Urlaubsreise stellten wir fest, dass die 9-Uhr-Fähre von Port Ellen restlos ausgebucht ist. Am selbigen Tage sollten noch zwei Fähren um 7 Uhr und um 15:30 Uhr jeweils von Port Askaig das schottische Mainland ansteuern. Nun wurde der zweite Fährhafen nicht als bevorzugte Lösung für unsere Abreise angedacht, da etwas Strecke und Zeit für die Anfahrt aufgebracht werden muss. Schließlich ist es ein Samstag und noch dazu Urlaub, da hat Stress nichts zu suchen. Aber wir hatten mit unserer Buchung zu lange gewartet. Schnell reservierten wir für die Nachmittagsfähre, bevor auch diese nicht mehr zur Verfügung stand. Nach hinten hätten wir dann keinen Spielraum mehr gehabt, da der Rückflug nach Deutschland am frühen Sonntagmorgen starten sollte.

Weniger Schwierigkeiten gab es mit der ersten Fährfahrt. Eigentlich waren es gar keine gewesen. Wie wir uns das schon gedacht hatten, lassen sich am Abend weniger auf die Insel übersetzen. Doch das Risiko, nicht auf Gutglück mitgenommen werden zu können, war für uns zu hoch, so dass wir uns gleich den notwendigen Platz sicherten. Vor allem, wenn man berücksichtigt, dass bei einer Nichtmitnahme eine ganze Nacht zu überbrücken ist.

Für die Zukunft kann ich jedem Islay-Reisenden empfehlen, beim Feststehen der Reiseroute die Fähre zu buchen. Je eher, desto besser. Und hinterher lässt sich ein Tourverlauf einfacher an die Schiffspassage anpassen, als umgekehrt. Das soll nicht heißen, dass es schier unmöglich ist, aber durchaus stressiger.

Völlig im Gegensatz dazu steht die Überquerung des Sound of Islay. Nichts ist groß, weder das Schiff noch die ganze Überfahrt. Der Service steht unter Regie vom Argyll & Bute Council. Planung, Buchung, Reservierung? Fehlanzeige! Wer kommt, der fährt. Okay, warten muss man schon ab und zu, schließlich haben eingesessene Lieferunternehmen wie Post, Lebensmittel oder Whisky-LKWs Vorrang, aber der Kahn schippert so lange hin und her bis alle übergesetzt wurden. Natürlich gibt es auch für diese Linie einen Fahrplan, aber der dient nur als Anhaltspunkt. Bevor man jetzt jedoch die Zeiten in den Wind schießt und auf Beförderung zu jeder Zeit vertraut, muss eine Einschränkung des Fährbetriebs genannt werden. Für die Nutzung der Abendfähren ist eine vorherige Anmeldung von mindestens 12 Stunden, in einem Fall sogar bis zu 3 Tagen im Voraus, notwendig.

Während der Überquerungen hat man unterschiedliche Möglichkeiten, sich die Zeit zu vertreiben. Bei der Islay-Jura-Verbindung bleibt einem fast nichts anderes übrig als im Fahrzeug zu warten. Vielleicht kurz mal herausgesprungen und an die Reling getreten, um vom Wasser die Caol Ila Distillery zu betrachten. Aber mehr Zeit bleibt einem nicht, es sind ja nur 5 Minuten. Da empfiehlt es sich schon mehr, eine Rast in Feolin einzulegen und Islay-Beobachtungen von dort vorzunehmen. Da hat man Ruhe und keine eventuellen Schiffsschwankungen verwackeln das Bild. Zeit im Auto auf der Großfähre? Keine Chance, darauf achtet schon die Schiffscrew. Es bieten sich ja sowieso viel lohnenswertere Alternativen auf Deck. Ein Restaurant, eine Bar, ein Souvenirshop, eine Ruhelounge, ein paar Bänke auf der Terrasse oder ein Stehplatz in der steifen Brise des Fahrtwinds.

Nicht lange nachdem die Fähre die kleine Anlegestelle von Kennacraig verlassen hat, biegt sie in die offene See vor dem West Tarbert Loch. Am Horizont erkennt man die Hügelkette von Jura. Auf dem Deck versammeln sich die eingemummten Eisernen, mit Fotoapparat und Fernglas bewaffnet. Lange hält man es nicht aus, vor allem, wenn man sich mit klammen Fingern am Schiffsgeländer festhält. An der kleinen Bar wird einheimisches Islay Ale ausgeschenkt. Ein Vorgeschmack auf Kommendes und etwas erwärmend noch dazu. Nur eine Pause, mehr nicht. Keine Zeit, um eine kleine Mahlzeit des Bordrestaurants einzuverleiben. Viel zu verlockend ist die Vorstellung, am Horizont eine der bekanntesten Destillen zu entdecken. Doch soweit ist das Schiff noch längst nicht. Auf der linken Seite passiert man die Isle of Gigha, dann umschließt das Wasser die Fähre komplett. Wasser nichts als feuchtes Nass soweit das Auge blickt. Klar, am Horizont recken sich die Jura-Paps nach wie vor in den Himmel. Etwas blasser links daneben taucht weiteres Land auf. Könnte es sein, sollte es gar oder ist es doch nur ein Teil von Jura? Der Nachbar von Islay ist sehr lang gezogen. Ganz leicht kann man da schon das eine Land mit dem anderen verwechseln. Aber dazwischen ist Raum, Platz, ein weit gedehntes Tal, zu weit für eine bloße Talsenke. Vor der Fähre schwimmt ein winziger Punkt im Wasser. Auf und nieder? Nein, eher gleichmäßig und er wird rasch größer. Ein paar Minuten später dampfte die Abendfähre aus Port Ellen an uns vorbei. Kaum war der Aufreger vorbei, leerte sich die Aussichtsplattform. Raus aus dem Wind, hinter windgeschützten Winkeln Schutz suchend, sind es die Hartnäckigen, die den Bedingungen weiter trotzen. So tuckert die Fähre einsam vor sich hin und in die Dämmerung hinein. Doch bevor das abendliche Grau mit der Wasseroberfläche verschmilzt und zum undurchdringlichen

Schleier wird, sendet die Sonne ein paar Strahlen auf das Ziel der Reise: Islay. Spot an, die Königin der Inneren Hebriden präsentiert sich.

Eine Stunde auf dem Wasser ist es jedoch noch bis nach Port Ellen. Eine Stunde, die die Passagiere an den ersten Brennereien der Insel vorbeiführt: Ardbeg, Lagavulin, Laphroaig. Wie weiße Farbtupfer, die an das Ufer gekleckst wurden. Von der Laphroaig Distillery konnte man sogar den Schriftzug auf dem Lagerhaus erkennen. Aber für fotografisches Festhalten waren die Lichtverhältnisse nicht optimal. Doch nicht nur die Küste von Islay lohnt einen Hingucker. Luchsartige Sehkünstler können vom Schiff den Norden im Süden sehen – die Nordküste von Nordirland.

Auf der Rückfahrt von Port Askaig nach Kennacraig fährt man zunächst an zweierlei Küsten vorbei: rechts die von Islay und links die von Jura. An Spannung kaum zu überbieten reiht sich eine Bucht an die nächste, die Zeichen von Zivilisation im Verborgenen haltend. Das ist das Letzte, was in Erinnerung an das Eiland bleibt. Nach ein paar Meilen gen Süden wendet die Fähre ihre Nase in Richtung des schottischen Mainland. Der Blick schweift sehnsüchtig über das Heck auf die verschwindenden Berge, auf das vorherrschende Inselgrün, und die Nase sucht verzweifelt nach der letzten Brise vom Hauch des Whiskys. Eisern hält sich nur ein Gedanke: Islay, I'll come back!

Argyll & Bute Council

Islay ↔ Jura

- *Einfache, kleine Fähre für maximal 6 PKW, bei größeren Fahrzeugen entsprechend weniger*
- *Reisedauer ca. 5-10 Minuten*
- *Überfahrten richten sich nach Passagieraufkommen, es existiert jedoch auch ein Fahrplan. Diesen kann man unter der Internetadresse www.calmac.co.uk/timetables.html einsehen. Folgen Sie der Linkführung Summer / Winter und dann JURA: Port Askaig – Feolin*
- *Fahrpreis (Hin- + Rückfahrt): 2,50 £ je Person, 5,60 £ Motorrad (ohne Fahrer), ab 14 £ für Autos (ohne Fahrer), Sonderangebote*

Caledonian McBrayne

Head Office

CalMac Ferries Ltd.	Tel.: +44 (0)1475 650 100
Ferry Terminal	Fax: +44 (0)1475 637 607
Gourock	www.calmac.co.uk
PA19 1QP	

Port Offices Islay Ferry

- Kennacraig	Tel.: + 44 (0)1880 730 253
PA29 6YF	Fax: + 44 (0)1880 730 202
- Port Ellen	Tel.: + 44 (0)1496 302 209
PA42 7DW	Fax: + 44 (0)1496 302 557

- *Sommer: Islay wird je Tag 3-4-mal von Kennacraig angesteuert*
- *Winter: Mo-Fr 4 Fahrten nach Islay, Sa 3 Fahrten, So 2 Fahrten (einige Fähren entfallen zu bestimmten Zeiten)*
- *Fährterminals sind klein, außer einem Hafen- bzw. Fährbüro und der Anlegestelle existieren keinerlei Facilities*
- *Reisende mit Fahrzeug müssen sich ca. 30-40 Minuten vor Abfahrt im Fährbüro melden und die reservierten Tickets abholen, bei Fußreisenden genügen in der Regel 10-20 Minuten vor der Abfahrt*
- *Auf der Islay Route werden zwei Schiffe von der Gesellschaft eingesetzt:*
  - *MV Hebridean Isles / Eileanan Innse Gall: 494 Passagiere, 62 Autos*
  - *MV Isle of Arran / Eilean Arainn: 659 Passagiere, 62 Autos*
- *An Bord der Fähren kann man im Restaurant/Bistro speisen, in der Bar etwas trinken, Souvenirs erwerben, an Deck flanieren und/oder im Loungebereich schlummern.*
- *Reisedauer zwischen Kintyre und Islay:*
  - *Kennacraig ↔ Port Ellen: ca. 2 Stunden und 20 Minuten*
  - *Kennacraig ↔ Port Askaig: ca. 2 Stunden und 5 Minuten*
- *Fahrpreise (einfache Strecke)*
  - *Passagiere: 8,45 £ je Person*
  - *Fahrrad (ohne Fahrer): 2,30 £*
  - *Motorrad (ohne Fahrer):22,50 £*
  - *Auto (ohne Fahrer): 45 £*
  - *Wohnmobil (ohne Fahrer): ab 45 £*
  - *Rabatte bei Mehrfahrtentickets*
- *Rechtzeitig buchen, mindestens 2 Monate vor Überfahrt empfohlen*
- *Online-Buchung möglich*

Lageskizzen

Islay: Die südlichen Destillen und Kildalton Cross

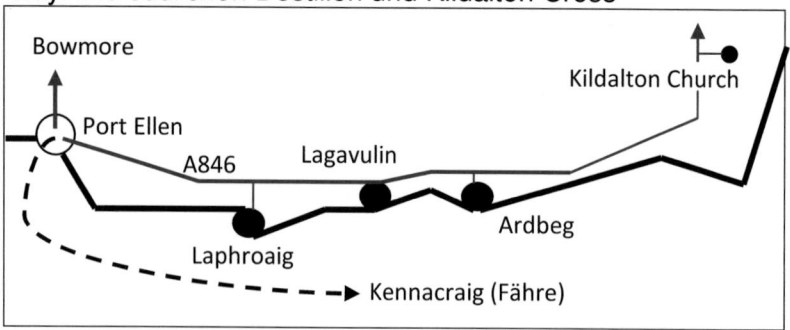

Islay's Südwesten: Mull of Oa, Kilnaughton Bay und Kintra

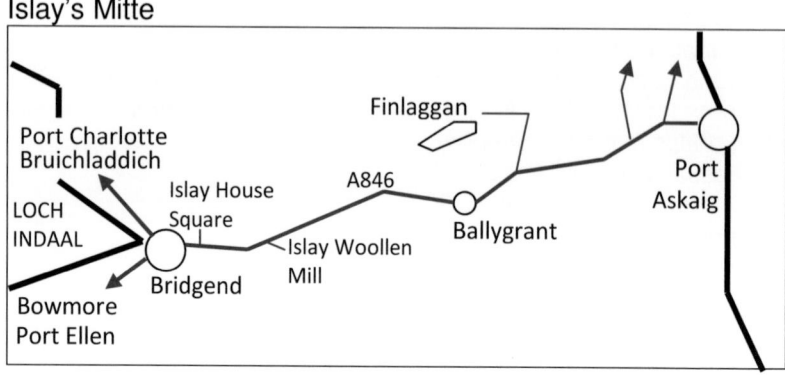

Islay's Mitte

Bowmore und Umgebung

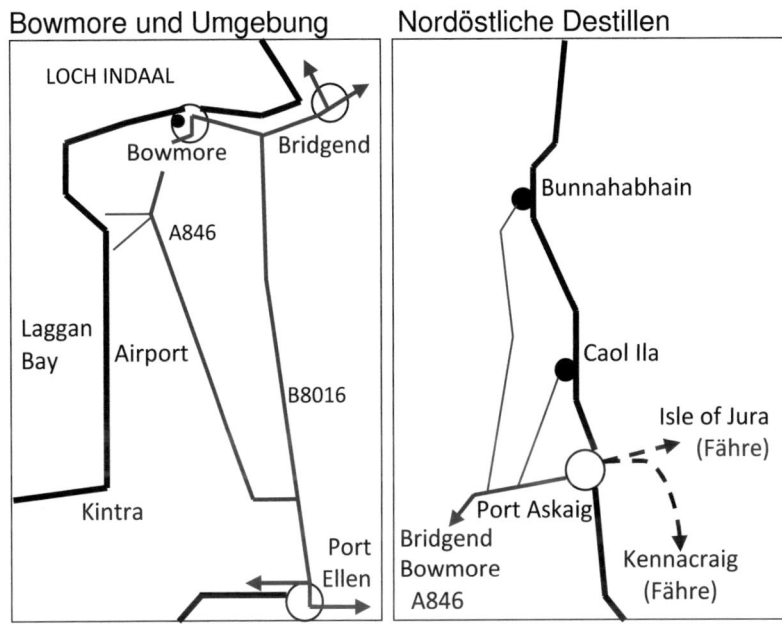

Nordöstliche Destillen

Islay's Nordwesten

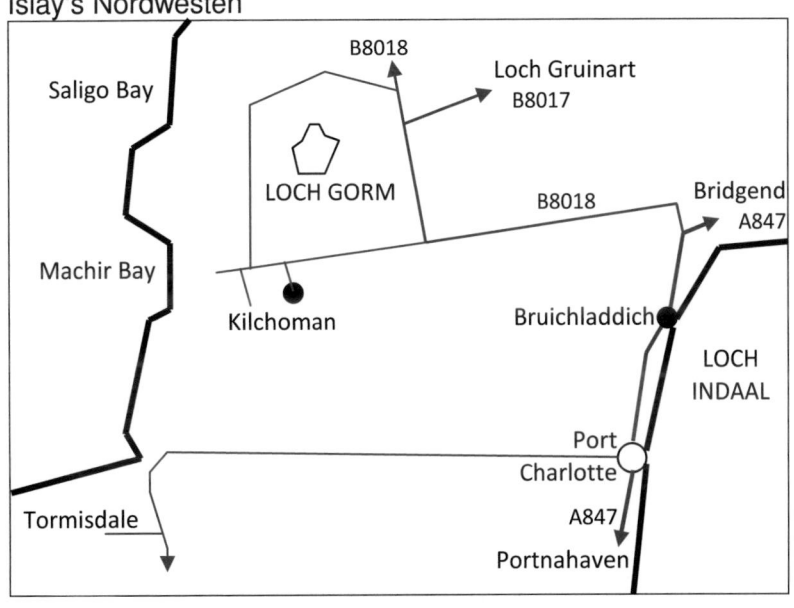

Islay: Zwischen Loch Indaal und Loch Gruinart

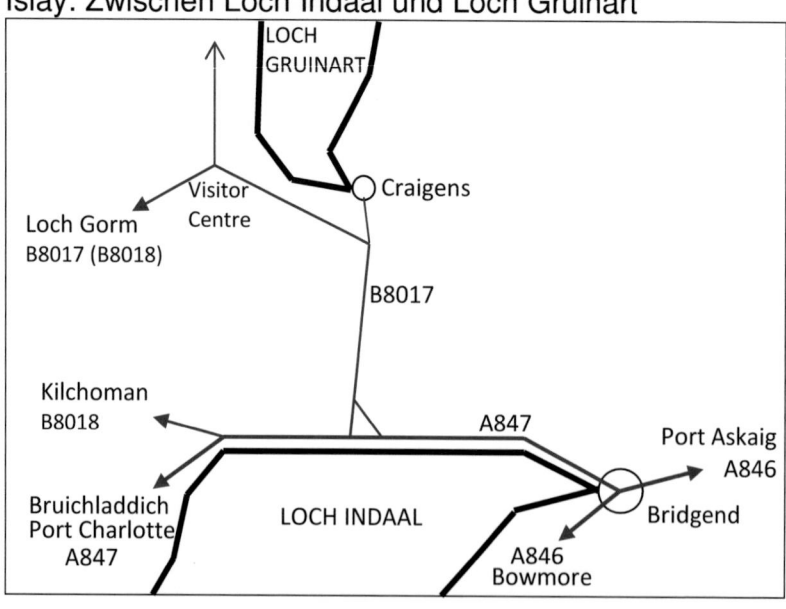

Isle of Jura (südlicher Ausschnitt)

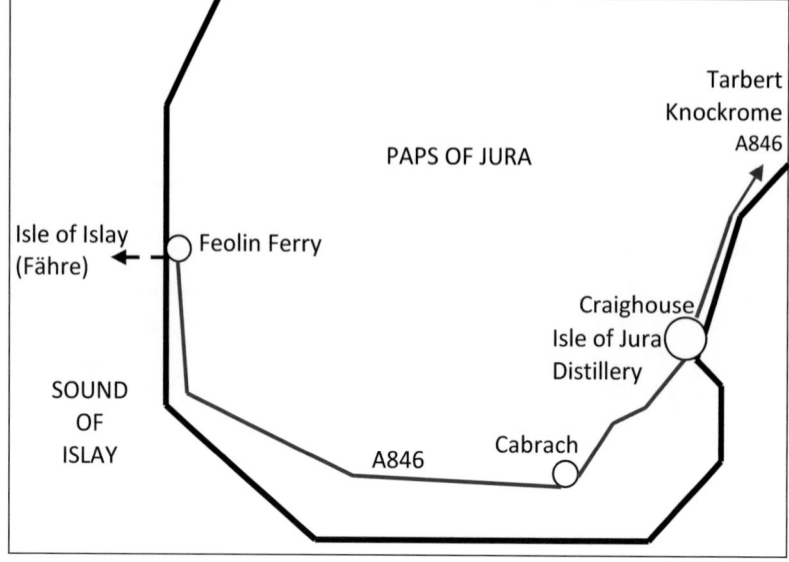

Allgemeine Informationen

Kartenmaterial
Die Lageskizzen sind sehr grob dargestellt. Für detailliertere Informationen werden die Karten von Ordnance Survey (OS) empfohlen, im Besonderen:
- OS Travel Map Road 3 (1:250.000) „Southern Scotland & Northumberland"; für die Anreise über Kennacraig
- OS Landranger Map 60 (1:50.000) „Islay"
- OS Explorer (Active) Map 352 (1:25.000) „Islay South"
- OS Explorer (Active) Map 353 (1:25.000) „Islay North"
- OS Landranger Map 61 "Jura & Colonsay"
- OS Explorer (Active) Map 355 "Jura & Scarba"

Finanzen
Währung: Britische Pfund (schottische + englische Banknoten)
Kreditkarten werden überall gern gesehen

Straßenverkehr
Fahrtrichtung: Linksfahrgebot!!!, rechts überholen
Entfernungsangaben: in Meilen
Geschwindigkeiten
- Motorway (Autobahn): 70 MPH
- A-Straßen (Nationalstraßen): 60 MPH
- Innerorts: 30 MPH
- Hilfreich: Häufig werden Geschwindigkeitsbeschränkungen mit Zusatzschildern (3-2-1 Bake(n) wie bei Bahnübergängen angekündigt).
Gurtpflicht
Telefonieren am Steuer: nicht erlaubt
Alkohol: 0.8 Promille; Alkoholische Kontrollen muss man auf Islay nicht unbedingt fürchten, seien Sie jedoch vorsichtig bei dem Dram nach dem Dram.

Notruf
112 und 999: Polizei, Unfallrettung, Feuerwehr

Glossar

A-Straße Nationalstraße, wie deutsche Bundesstraßen. Können auf den Inseln sehr schmal sein. Fester Belag. Nummeriert.

Abgang → *Finish*

Ale / Islay Ales Biersorte, Das Islay Bier wird in der Nähe von Bridgend gebraut. Dabei wird teilweise auf Verfahren aus der Herstellung von Whisky zurückgegriffen.

Angels share Anteil der Engel am Whisky, Je länger Whisky gelagert wird, umso mehr verliert er an Alkoholkonzentration. Der „verdunstete" Alkohol wird den Engeln zugeschrieben, sei es als Tribut an den Himmel oder weil ehemalige Whiskygenießer nicht von ihrer Leidenschaft lassen können.

B-Straße bessere Nebenstraße, vergleichbar mit deutschen Landstraßen. Meistens nur eine Fahrspur; enthält jedoch viele Möglichkeiten, um den Gegenverkehr passieren zu lassen. Meistens fester Belag. Nummeriert.

Blended Whisky Malt Whiskies aus verschiedenen Distilleries und → *Grain Whiskies* bzw. Grain Spirits werden miteinander → *vermählt,* um beispielsweise eine gleich bleibende Qualität über mehrere Jahre zu erzielen.

C-Straße Nebenstraße, vergleichbar mit deutschen Fahrwegen bzw. Landwirtschaftswegen. Sehr schmal, nicht immer eben, grober Belag wie Kies und Schotter, ab und zu festerer Belag. Nicht nummeriert.

Campbeltown schottische Whiskyregion, Ursprünglich existierten um die Stadt Campbeltown auf der Halbinsel Kintyre ca. 30 Distilleries. Heute werden nur noch zwei von ihnen betrieben: Springbank und Glen Scotia. Trotzdem hat die Stadt den Rang einer Whiskyregion nicht verloren.

Clan Familie, Die schottischen Clans können heutzutage mehr als tausend Mitglieder bzw. Angehörige besitzen, die auf denselben Familiennamen oder eine abgeleitete Form hören. Als zugehörig gelten auch jene, die einen Clan als Ahnen anerkennen. Als Wahrzeichen der Zusammengehörigkeit gelten Wappen und Schottenkaros, die auch als → *Tartan* bezeichnet werden.

Classic Malts Ursprünglich eine Serie von 6 schottischen Whiskies, deren Exemplare die einzelnen Whiskyregionen vertreten: Highlands – Oban, Islands – Talisker, Islay – Lagavulin, Lowland – Glenkinchie und Speyside – Cragganmore sowie Dalwhinnie. In der Zwischenzeit wurden weitere Whiskies von DIAGEO in die Reihe aufgenommen, wie z.B. Caol Ila, Port Ellen und Clynelish.

Cottage Ferienwohnung, -haus

Dram kleine Kostprobe, Schluck, meistens weniger als 2cl, wird in den einzelnen Distilleries großzügig gehandhabt

Fermenter → *washback*

Finish Abgang, Welche Eindrücke hinterlässt der Whisky im Gaumenraum, nachdem er die Kehle hinunter rann. Trockenheit, Süße, Wärme? Wonach schmeckte er. Hielt sich der Eindruck kurz oder lang? Finish ist nicht zu verwechseln mit → *Finishing*.

Finishing Endreifung des Whiskys, Kurz vor Ende seiner Reifezeit wird der Whisky in ein anderes Fass umgefüllt, um noch ein paar zusätzliche Nuancen in der Geschmacksvielfalt zu erhalten. Bevorzugte Fässer sind Rum-, Portwein- oder Rotweinfässer.

GBP Abkürzung für Great Britain Pound, Britische Pfund

Grain Whisky Getreidewhisky, der nicht aus Gerste, sondern aus anderem Getreide, z.B. Weizen oder Mais, hergestellt wird.

Grist Grundstoff für die Maische, Nachdem die Gerste vollständig zu Malz umgewandelt wurde und über Torfrauch trocknete, wird sie in mehreren Schritten gemahlen. Diese Vorgehensweise ist notwendig, da sie die Zusammensetzung des Grists ausmacht. Von reinem Malzschrot zu sprechen, wäre daher falsch, weil im Grist sowohl mehlartiges Malz, als auch gröberes Malz enthalten ist. Die prozentuale Zusammensetzung der einzelnen Bestandteile ist von Distillery zu Distillery unterschiedlich.

Highlands (1) Bergland in Schottland, (2) schottische Whiskyregion, Die Highlands sind die größte Region und werden daher in ihrer geographischen Ausrichtung (z.B. Western etc.) untergliedert.

Ile Feis Islay Whisky Festival, findet jährlich Ende Mai auf der Insel statt. Innerhalb dieser Woche besuchen sehr viele Touristen Islay. Die Einheimischen haben daher das Gefühl, dass ihre Heimat um zwei Etagen absackt.

Ileach (1) Gälische Bezeichnung für die Bewohner von Islay, In diesem Buch wurde der Begriff erweitert und auch auf die Tierwelt der Insel angewendet. (2) Lokale Zeitung für Islay und Jura, erscheint im Rhythmus von 2 Wochen zum Samstag.

InterWhisky Whisky Messe für Fachleute und Besucher, fand im November 2008 zum 10. Mal in Frankfurt (M) statt, wird jedoch seit einiger Zeit auch in anderen deutschen Großstädten (z.B. Hamburg, München) durchgeführt. Informationen unter www.interwhisky.com

Islands schottische Whiskyregion, In der Region der Islands sind alle Distilleries vertreten, die auf den vor Schottland tummelnden Inseln anzutreffen sind: Orkney, Arran, Mull, Skye, Jura

Islay (1) Eine Insel der Inneren Hebriden, vor der Westküste Schottlands. (2) schottische Whiskyregion, Rein geographisch betrachtet, gehört Islay zu den → *Islands*. Doch die Vielzahl der Brennereien auf der Insel (ab 2009 9 Destillen, Islay wird auch als Whiskyinsel bezeichnet) und die klare, geschmackliche Abgrenzung zu den anderen Insel-Whiskies gestatten Islay den Status einer eigenen Region.

Light House Leuchtturm

Loch schottische Bezeichnung für See

Low Wine (Still) Brennblase, In Schottland wird Whisky meistens 2fach destilliert, in manchen Brennereien sogar 3fach. Bei der ersten Destillation, die in den Low Wine Stills stattfindet, werden ca. 15-20% Alkohol erreicht. In der Form sind diese Brennblasen größer und voluminöser als die → *Spirit Stills*. Das erhaltene Destillat wird als Low Wine bezeichnet.

Lowlands schottische Whiskyregion, Die Lowlands decken in etwa das Gebiet ab, das sich von der englisch-schottischen Grenze bis zu den Großstädten Edinburgh und Glasgow erstreckt.

Kiln Ofen, in dem der Torf verbrannt wird. Der Rauch trocknet die gekeimte Gerste und entweicht durch die Pagodenschornsteine ins Freie. Bei Ardbeg gedenkt man mit dem Café-Namen an rauchige, frühere Zeiten.

Malting Floor Räumlichkeit zur Herstellung von Malz

Mash Tun Maischebottich, Abschnitt in der Whiskyherstellung: Grist wird mit Wasser und Hefe vermischt, um zu Alkohol zu vergären.

Middle Cut Mittelfluss, Mit dem middle cut bezeichnet man das wertvolle Ergebnis nach dem Destillationsvorgang im → *Spirit Still*. Der Spirit verlässt den Spirit Still, kühlt sich im Kondensator ab und fließt durch den → *Spirit Safe*. Der erste Teil des Spirits (Vorlauf) enthält zuviel Alkohol und Unreinheiten. Nach einiger Zeit beginnt der middel cut, der in Fässer abgefüllt und gelagert werden kann. Am Ende folgt der so genannte Nachlauf, der zusammen mit dem Vorlauf in die Stills zurückgeführt wird. Der Master Distiller überwacht den Fluss des Spirits und entscheidet über Zeitpunkt des Vor-, Mittel- sowie Nachlaufs. Für die Tätigkeit braucht es Jahre, wenn nicht sogar Jahrzehnte an Erfahrung.

MPH Abkürzung für Miles Per Hour, Meilen je Stunde

PPM Abkürzung für parts per million, Einheit der Rauchkonzentration im Whisky, allgemein spricht man auch von der Rauchigkeit eines Whiskys. Malz, das über Torffeuer getrocknet wird, besitzt einen erhöhten Anteil an „Rauchigkeit". Zu den rauchigsten, schottischen Whiskys zählen mit Ardbeg und Laphroaig (jeweils ca. 55 ppm) zwei Brände von Islay. Der am stärksten getorfte Whisky der Welt wird jedoch bei Bruichladdich hergestellt: Octomore 1st Edition ca. 80 ppm, Octomore 2nd Edition ca. 130 ppm.

Scotch Whisky geschützter Ausdruck für Whiskies, die aus Schottland kommen. Die Bezeichnung darf nur verwendet werden, wenn der Whisky in Schottland destilliert wurde und mindestens 3 Jahre schottische Luft durch die Fasswand geatmet hat. Während der Reifezeit im Fass verliert der Whisky den → *angels share*. Verbringt der → *uisge beatha* so viel Zeit im Fass, dass die Alkoholkonzentration unter 40% fällt, darf der Brand sich nicht mehr Whisky nennen. Als gesetzte Grundzutaten gelten Gerste, die zu Malz verarbeitet wird, Wasser und Hefe als Treibmittel.

Single Malt Whisky Malt Whisky aus einer Distillery, Auch Single Malt Whisky kann das Ergebnis einer Whisky-Mixtur sein, allerdings nur von Malt Whiskies und nur mit denen aus einer Distillery. Während Altersangaben (z.B. 12 years old, aged 15 years etc.) bedeuten, dass der jüngste Whisky innerhalb der Flasche der Altersangabe entspricht, stammt der Inhalt von so genannten Vintage Whiskies aus einem Jahr. Als absolut reine Single Malts gelten nur solche Whiskies, die neben der Alters- bzw. Jahresangabe noch die Nummer des Fasses auf dem Etikett stehen haben.

Sláinte! / Slainthé! [Slônsche od. Slôntje] Gälischer Ausdruck für Prost! bzw. Zum Wohl! Wenn Sie diesen Begriff in einem Pub bringen, haben Sie schnell neue Freunde. Erwidert wird mit → *Sláinte Mha! / Slainthé Mhath!*

Sláinte Mha! / Slainthé Mhath! [~ va bzw. ~ vah] Gälische Antwort auf das Zuprosten (→ *Sláinte! / Slainthé!*) im Sinne von "Zum Wohle auch Dir!"

SMWS Abkürzung für Scotch Malt Whisky Society, Vereinigung von Malt Whisky Experten und Fans des Getränks, Sitz in Edinburgh, Zweigstellen in allen Teilen der Welt

Speyside schottische Whiskyregion, Das Tal des Flusses Spey mit seinen Seitentäler gehört eigentlich zu den → *Highlands*. Aufgrund der hohen Dichte an Brennereien – die Speyside hat die meisten schottischen Distilleries – stellt es jedoch eine eigene Region dar. Lage: Östlich von Inverness – nördlich von Aberdeen.

Spirit Safe Alkoholtresor, Der Spirit Safe ist eine Art Glaskasten, durch den der Low Wine und auch der Spirit fließt. Mit dem Gerät werden der Alkohol, die Menge und die daraus entstehende Alkoholsteuer gemessen. Gesichert wird der Kasten mit zwei Schlössern; ein Schlüssel ist beim Distillery Manager und ein Schlüssel beim Steuereintreiber. Geöffnet kann der Tresor nur mit beiden Schlüsseln, um Missbrauch vorzubeugen.

Spirit Still Brennblase, Der → *Low Wine* wird in den etwas kleineren Brennblasen erneut destilliert und erhält eine Alkoholkonzentration von 70-80%. Man erhält den so genannten Spirit.

Square Foot Quadratfuß, Fläche in Größe eines englischen Quadratfußes (30,48 x 30,48 qcm), So groß ist das Land, das Freunde von Laphroaig bei ihrer kostenlosen Registrierung von der Destille erhalten. Jährlich bekommen sie für ihr „Grundstück" eine Pacht in Form von einer Miniatur, allerdings nur, wenn sie diese persönlich abholen.

Tartan Schottenmuster, -karo. Es gibt nicht den einen Tartan für einen → *Clan*. Ort, Zweck und Stil der Kleidung prägen feine bis gravierende Unterschiede im Karomuster einer Familie.

The Glencairn Glass Besondere Form eines Whiskyglases, Das Glas erinnert an einen Mix aus Tumbler und Tastingglas: unten kompakter Sockel, oben dünnwandig geschwungene Form, um den Genuss des Inhalts zu perfektionieren.

The Scotch Whisky Experience ein Whiskymuseum in Edinburg, Hier erfährt man alles zum Thema Whisky, zu dessen Geschichte und Legalisierung in Schottland. Statt trockene Theorie zu vermitteln, setzt man auf das Erleben mit allen 5 Sinnen: schmecken, hören, sehen, fühlen und riechen.

Tráigh schottisch gälische Bezeichnung für Strand

Uisce beatha / uisge beatha [ischge ba] Irisch gälische bzw. schottisch gälische Bezeichnung für Whisky. Sprachwissenschaftliche Herkunft ist Anlass für mehrere Theorien. Publiziert wurde vor allem der Zusammenhang zu den einzelnen Wortbedeutungen uisce/uisge = aqua = Wasser und beatha = vitae = Leben, daher als Lebenswasser bezeichnet. Auf Islay in der Region um Kilchoman vertritt man eine andere These. Man sieht hier vielmehr den Bezug zum → *Clan* der MacBeathas und deutet die gälische Bezeichnung als "Wasser der Beatha".

Washback Gärbehälter, In den washbacks findet die alkoholische Gärung statt. Bei den Besuchen in den Distilleries darf man teilweise den Kopf in so einen Holzbottich stecken. Doch Vorsicht! Sauerstoffmangel! Nach der Gärung hat die Flüssigkeit einen Alkoholgehalt von ca. 8%. Da der Ablauf der Whiskyherstellung bis hierhin mit der Herstellung von Bier vergleichbar ist, spricht man bei dem trüben Nass von Bier. So ähnlich schmeckt es auch, einzig der Hopfen fehlt. Die Behälter werden zum Teil als → *fermenter* bezeichnet.

Whiskyvermählung vereinfacht ausgedrückt: Mischen von verschiedenen Whiskies. Die Vermählung ist jedoch eine hohe Kunst, die einige Erfahrung voraussetzt. Durch das Vermählen bzw. Blenden von Whiskies soll eine besondere Harmonie von verschiedenen Whiskies oder eine langfristig gleich bleibende Qualität erreicht werden.

Register